PLAN GÉNÉRAL
DE LA VILLE DE PARIS,

Levé géométriquement par le citoyen VERNIQUET, architecte,
rapporté sur une échelle d'une demi-ligne par toise. Divisé en
soixante-douze planches, en y comprenant les cartouches et
la carte des opérations trigonométriques.

Se trouve à Paris chez l'Auteur, | au Louvre.
Et chez H. L. Perronneau, Imprimeur-Libraire, rue des grands Augustins.

Le gouvernement de France, les étrangers, et principalement
les habitans de Paris ont toujours desiré un plan complet et exact
de cette ville, l'une des plus considérables de l'Europe.

Cette entreprise avoit été commencée une infinité de fois et toujours abandonnée par les difficultés et la dépense de l'exécution.
Un géomètre habile s'en étoit enfin occupé et y avoit employé les
seuls principes convenables à ce travail pour en obtenir la justesse
nécessaire : c'est l'abbé de la Grive. Il l'a terminé en 1728, après
y avoir consacré bien des années.

Plusieurs géographes ayant desiré, depuis que cet ouvrage a paru,
donner au public des plans routiers de Paris, se sont servis de celui
de l'abbé de la Grive, comme étant le plus exact de tous ceux qui
avoient été faits. Ils n'ont pas omis dans leur ouvrage les augmen-
tations et changemens survenus dans le tems où ils le publioient.

Cependant le plan de ce géomètre devient très-ancien, et il est fait
sur une si petite échelle, et les détails y sont si peu distincts qu'on
ne peut s'en servir pour tracer aucuns nouveaux changemens à
proposer.

On a donc senti depuis long-tems la nécessité d'un plan général
de Paris sur une échelle assez grande pour qu'on puisse rendre

compte des projets qu'on auroit à soumettre au gouvernement, et saisir avec célérité et exactitude les avantages et les inconvéniens qu'ils présenteroient.

Les bureaux des ponts et chaussées entreprirent ce grand ouvrage en 1774. On y travailla plusieurs hivers ; mais les difficultés et surtout la dépense firent abandonner l'entreprise.

Le citoyen Verniquet s'étoit occupé dès 1774 de lever les plans des rues sur lesquels le bureau des finances donnoit les alignemens. Ce travail étant partiel, il ne pouvoit remplir les vues générales du gouvernement. Alors il présenta le projet de lever les plans des rues avec les façades des maisons, ce qui donna lieu à la déclaration du roi de 1783.

Cette déclaration ayant été regardée comme insuffisante pour le besoin que l'on avoit d'un plan de Paris en grand, on chargea le citoyen Verniquet seul de l'exécuter d'une manière qui put remplir les vues du gouvernement. Ainsi il réunit le travail qu'il avoit fait les années précédentes aux opérations trigonométriques qui établissoient des bases précises pour l'exécution d'un plan général. Il continua en même tems de lever les plans des rues, ce qu'il ne put faire que la nuit à la lumière des flambeaux. Il s'occupa ensuite de la levée de tous les monumens nationaux.

Quoiqu'il ait employé jusqu'à soixante ingénieurs pour l'aider dans cet immense travail et qu'il ait espéré alors d'en avoir atteint le terme, l'agrandissement prodigieux et rapide de Paris qui augmenta du double de sa superficie, rendît son travail encore imparfait. On en pourra juger par les différences d'étendue que nous allons exposer.

Lorsque le citoyen Verniquet a entrepris la levée du plan général de Paris en 1785, cette ville ne contenoit dans ses anciennes barrières que 5,056 arpens, 94 perches ¼, ou 1,727 ars, 7 déciaires, 6 centiaires, 33 mètres et 75,944ᵉ : et Paris, dans l'époque dont nous parlons, offrît une superficie de 10,065 arpens, 95 perches, 11 pouces, ou 3,439 ars, 1 déciaire, 5 centiaires, 52,328ᵉ, et en y comprenant toute la partie qui est levée au-delà des nouvelles barrières ; la superficie et de 14,151 arpens, 85 perches ¼, ou 4,837 ars, 1 déciaire, 9 centiaires, 67 mètres, 2,857ᵉ ; ce qui, comme on

le voit, a plus que doublé le travail entrepris en 1785. Cet accrois-
sement de Paris contient 184 rues nouvelles et prolongées hors
de la nouvelle enceinte. Ensorte que ce nouveau plan contient
1180 rues, quais, places et culs-de-sac; les plans de 52 paroisses,
de 66 communautés d'hommes et de 67 de femmes, 28 hospices,
8 séminaires, 15 colléges, 6 grandes maisons ou hôtels contenant
des établissemens nationaux, 15 palais et 40 autres monumens pu-
blics. Ces plans sont insérés, dans le plan général, par des points
calculés trigonométriquement et rapportés avec la plus grande justesse, d'où l'on peut juger de la nature de ce travail et des frais considérables qu'il a occasionnés.

Cependant ni les soins ni la dépense ne pourroient être d'aucune
considération, s'il n'étoit démontré aujourd'hui que l'ouvrage qui
en est le fruit, est le plus exact qui ait été fait dans ce genre. Pour
s'assurer de cette exactitude et d'après un arrêté du comité d'instruction publique du 4 ventose, an 3, la Commission d'instruction
publique, dans l'assemblée du 21 prairial suivant, a nommé, par
l'article II de sa délibération, le citoyen Lacroix, chef du bureau
de l'enseignement, pour examiner :

1°. Le tableau général des opérations et calculs qui ont servi de
base pour la confection du plan de Paris.

2°. Les vérifications qui pourroient être faites sur les lieux com-
parativement aux positions tracées sur le plan.

3°. Le tableau de comparaison des opérations et des calculs trigonométriques rapportés sur le plan du citoyen Verniquet, avec
celles de plusieurs savans qui se sont occupés depuis plus d'un
siècle du même travail.

Le citoyen de Lalande a fourni pour cet ouvrage un travail très-
lumineux fait d'après ses observations, auquel l'auteur a joint les
calculs de Cassini et de Lacaille. Il n'a pas non plus négligé pour
le tableau de comparaison les ressources que lui offroient les calculs de l'abbé de la Grive.

Le travail de vérification a été fait dans le grand sallon du
Luxembourg, aujourd'hui Palais directorial, le 6 thermidor, an 3,
en présence et de l'avis du citoyen Lacroix sur une carte d'environ 9 pieds sur 7 pieds 6 pouces, ou 3 mètres de long sur environ

4

2 mètres et 2 décimètres de large. Cette carte collée sur toile, est bien tendue et sur du papier grand aigle de Hollande.

C'est en présence des citoyens Lacroix et de Lalande, que les citoyens Verniquet et Mathieu ont placé les points des principaux monumens de Paris, suivant les résultats des calculs qui en ont déterminé les distances des unes aux autres. Ils ont été portés ensuite selon leurs distances des perpendiculaires à la méridienne. Et de ces deux opérations, il en est résulté un parfait rapport.

Après avoir terminé leur travail pour ces vérifications, les citoyens Lacroix et de Lalande en ont dressé procès-verbal; et au bas le dernier de ces géomètres y a porté en ces termes son jugement particulier écrit de sa main : « Ce plan dont j'ai suivi les travaux, « et dont j'ai admiré l'exactitude, me paroît l'ouvrage le plus par-« fait qui ait jamais été exécuté dans ce genre. Fait à Paris le 25 ven-« démiaire, an 4 de la république. *Signé* DE LALANDE, directeur « de l'Observatoire ; LACROIX, chef du bureau de la Commission « exécutive d'instruction publique ; MATHIEU, VERNIQUET.

Comme, depuis qu'il est achevé, ce plan a été mis sous les yeux des principaux savans et artistes, ils ont eu la faculté de vérifier et de s'assurer de sa justesse. Néanmoins nous les invitons tous, et particulièrement les mathématiciens et les géomètres à se donner cette satisfaction.

Les opérations trigonométriques qui sont dans la 70e feuille et les calculs qui y ont rapport, étant gravés sur les feuilles qui y sont jointes et font partie des 72 feuilles de cette collection, servent à démontrer la justesse de ce plan de Paris, tel qu'étoit cette ville en 1790.

Le prix pour ceux qui prendront les 72 feuilles, faisant le plan en entier, est de 144 francs en papier de France, et de 208 fr. en papier de Hollande.

Les personnes qui ne voudront pas la collection complette, payeront chaque feuille, prise séparément, 2 fr. 10 sous sur papier ordinaire, et 3 fr. sur papier de Hollande.

La soixante-dixième feuille, qui contient les opérations trigonométriques, ne se livrera qu'à ceux qui prendront la collection complette; ou en la prenant seule, le prix est de 6 francs.

À PARIS, de l'Imprimerie de H. L. PERRONNEAU, rue des grands Augustins.

EDME VERNIQUET,

de la Société libre des Sciences, Belles Lettres et Arts de Paris,
Architecte du Jardin des Plantes
et de plusieurs Edifices marquants à Paris et dans les différens Départemens de France,
Auteur du Plan de Paris.

ATLAS
DU PLAN GÉNÉRAL
DE LA VILLE DE·PARIS
LEVÉ GÉOMÉTRIQUEMENT
PAR LE C.EN VERNIQUET.

Rapporté sur une Echelle d'une demie Ligne pour Toise.

Divisée en 72 Planches compris les Cartouches et Plan des opérations Trigonométriques

Dessiné et Gravé par les C.ens Bartholomé et Mathieu

l'An IV.

Epoques des différens Accroissemens de Paris.

La I.e Clôture sous Jules César 56 ans Avant J.C. Renfermoit .....14 ar. 54 Toi. 8...
II Clôtures en 358. et 375. sous Julien Renfermoit ....113..44...3.
III Clôtures en 1190 et 1211. sous Philipe Auguste Renfermoit..739..61...3.
IV Clôtures en 1367. et 1383. sous Charles V. et Charles VI Renf.... 1284..55...3.

La V Clôtures en 1553. et 1581. sous François I. et Henry II. Renf... 1414 ar. 5 t. 6...
La VI Clôtures en 1634. sous Henry IV Renfermoit ....1660..83...5
La VII Clôtures en 1671. et 1686. sous Louis XIV. Renfermoit.....3228..93...8
La VIII Clôtures en 1715. et 1717. sous Louis XIV. et Louis XV. Renf. 3910..86...3

La IX. Clôtures en 1785. et 1788. sous Louis XVI Renfermé 9858 ar. 37 t. 0...

Se trouve à Paris chez l'Auteur, Rue de l'Oratoire, Nº 146. Maison d'Angivilliers.

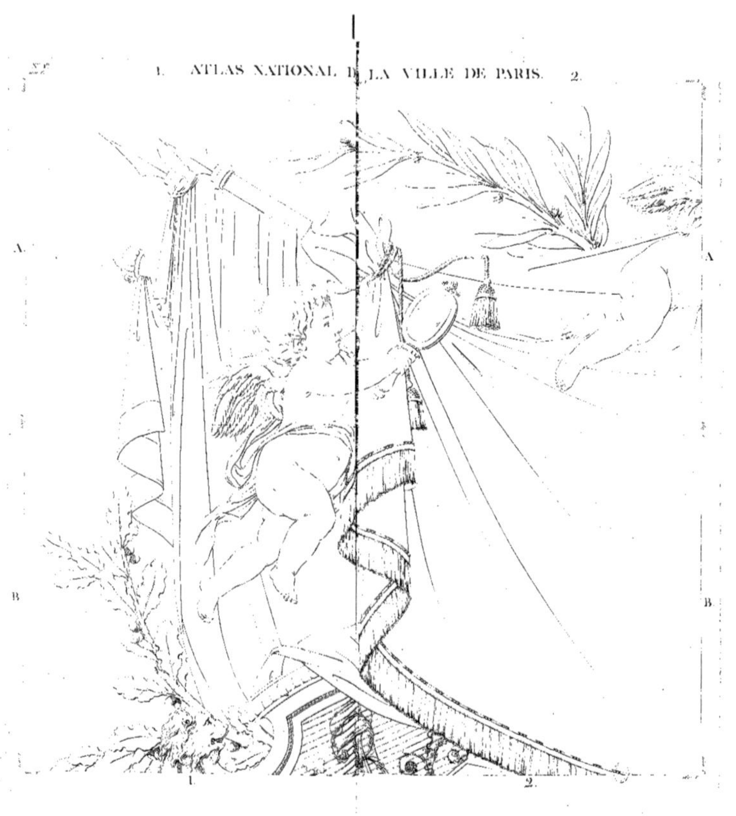

MOUCEAUX

Verniquet

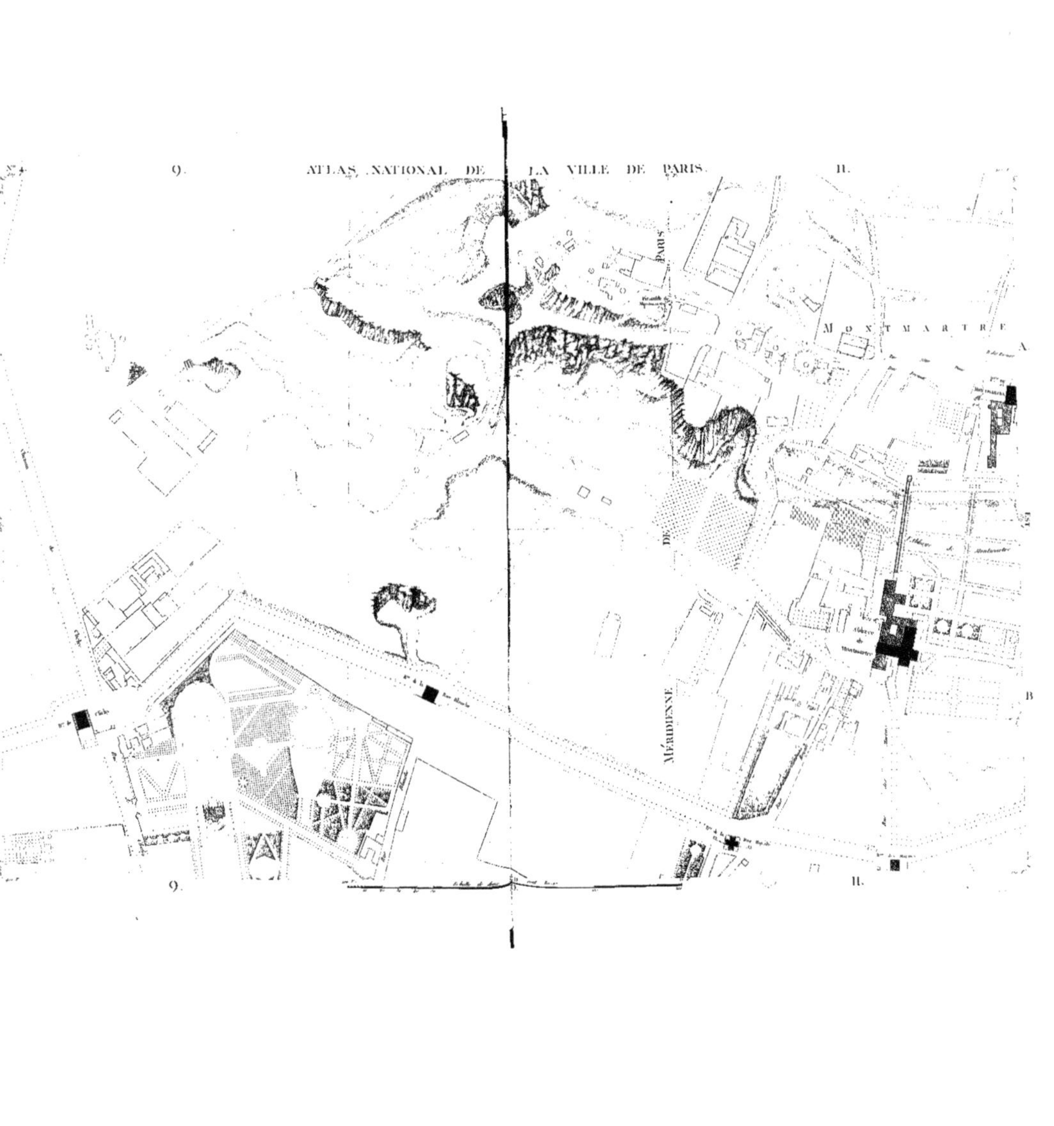

ATLAS NATIONAL DE LA VILLE DE PARIS.
MONTMARTRE
MÉRIDIENNE

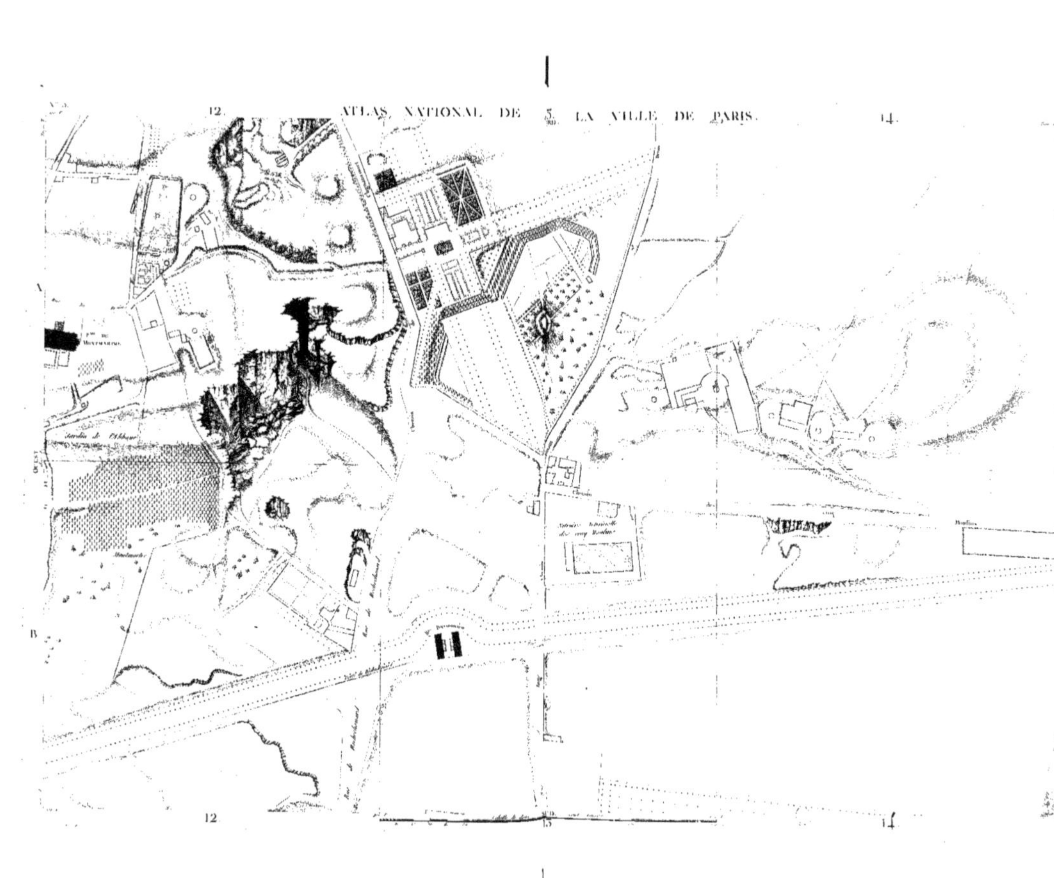
Jardin de l'Abbaye
Montmartre
Hameau
Théâtre

Verniquet

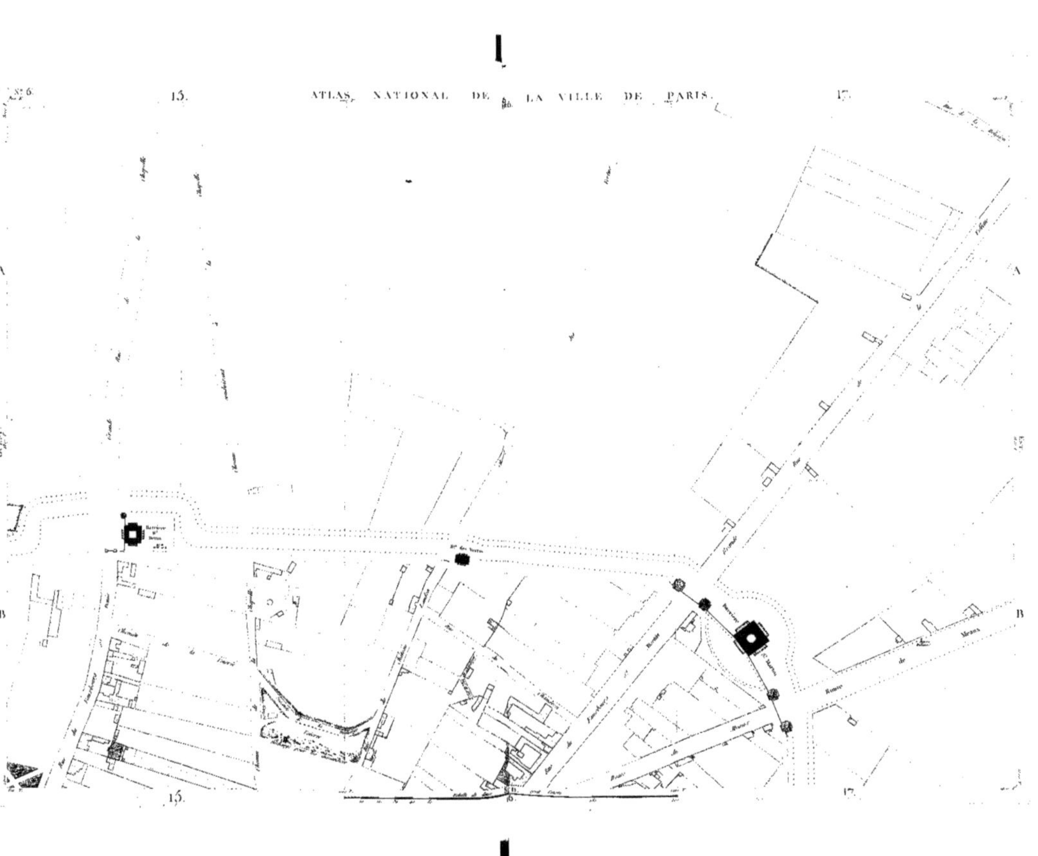

Verniquet

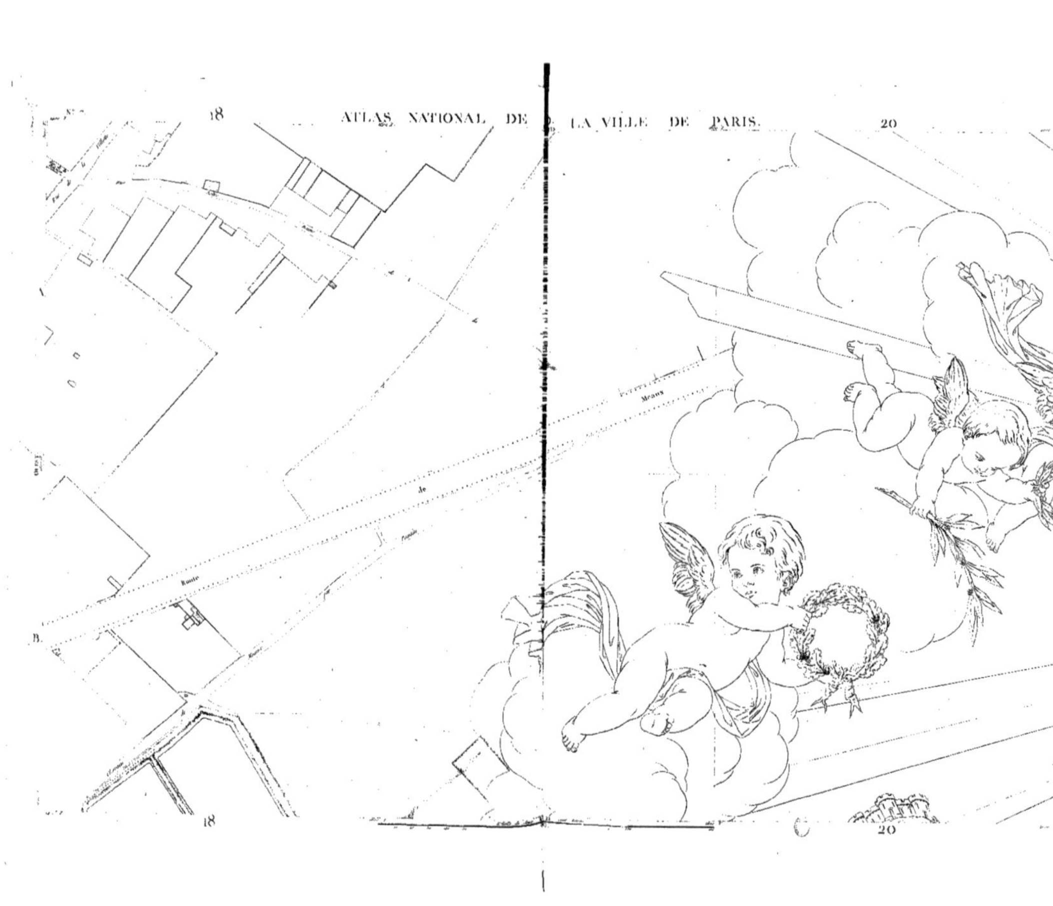
Meaux
Route
18
20

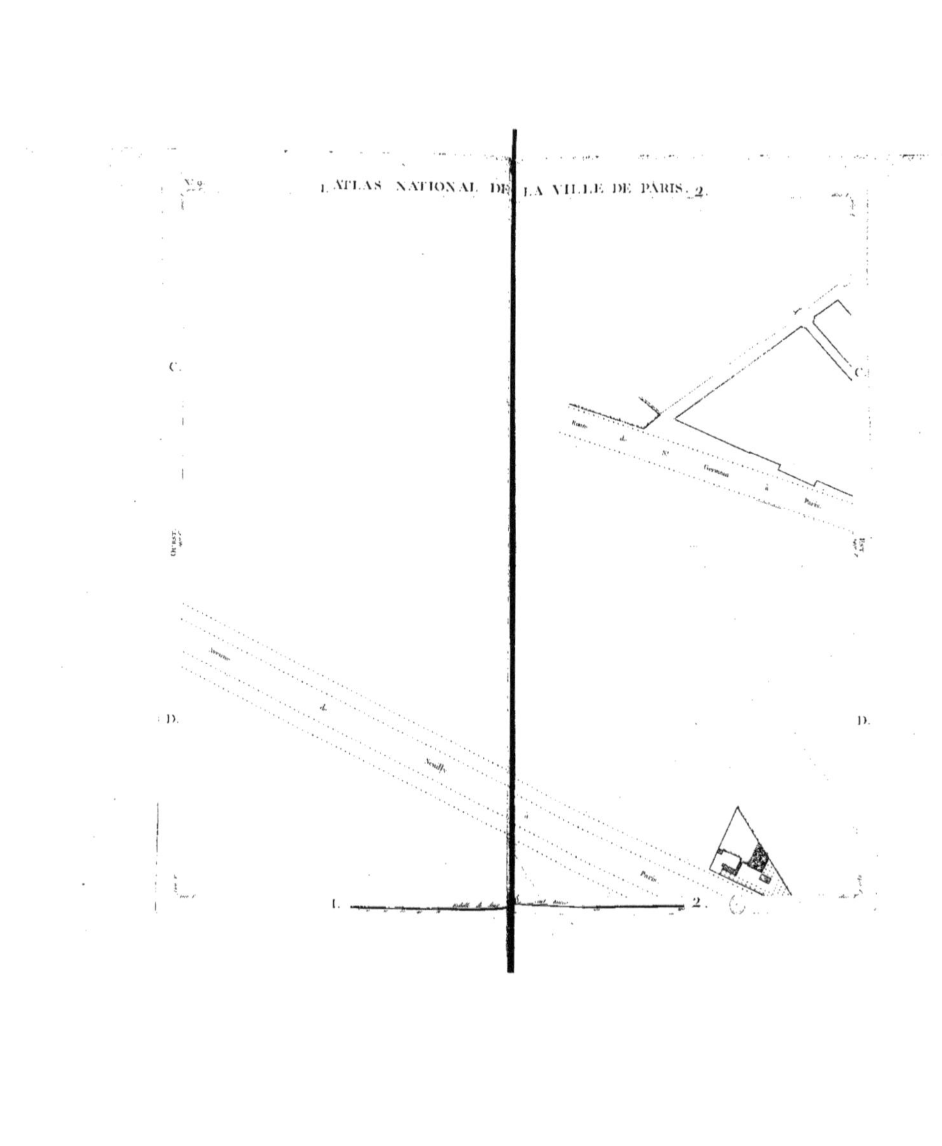

ATLAS NATIONAL DE LA VILLE DE PARIS.

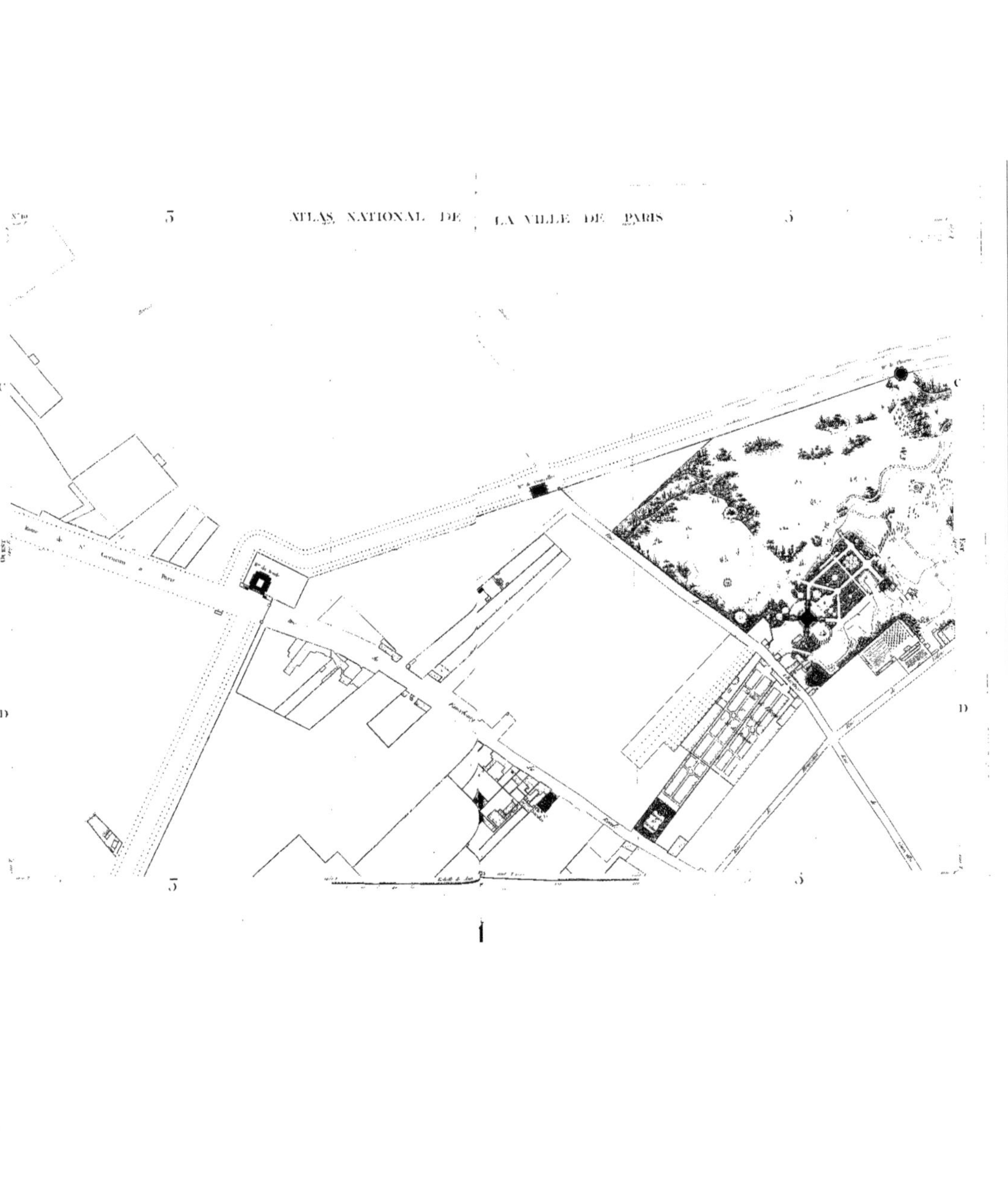

Verniquet

Verniquet

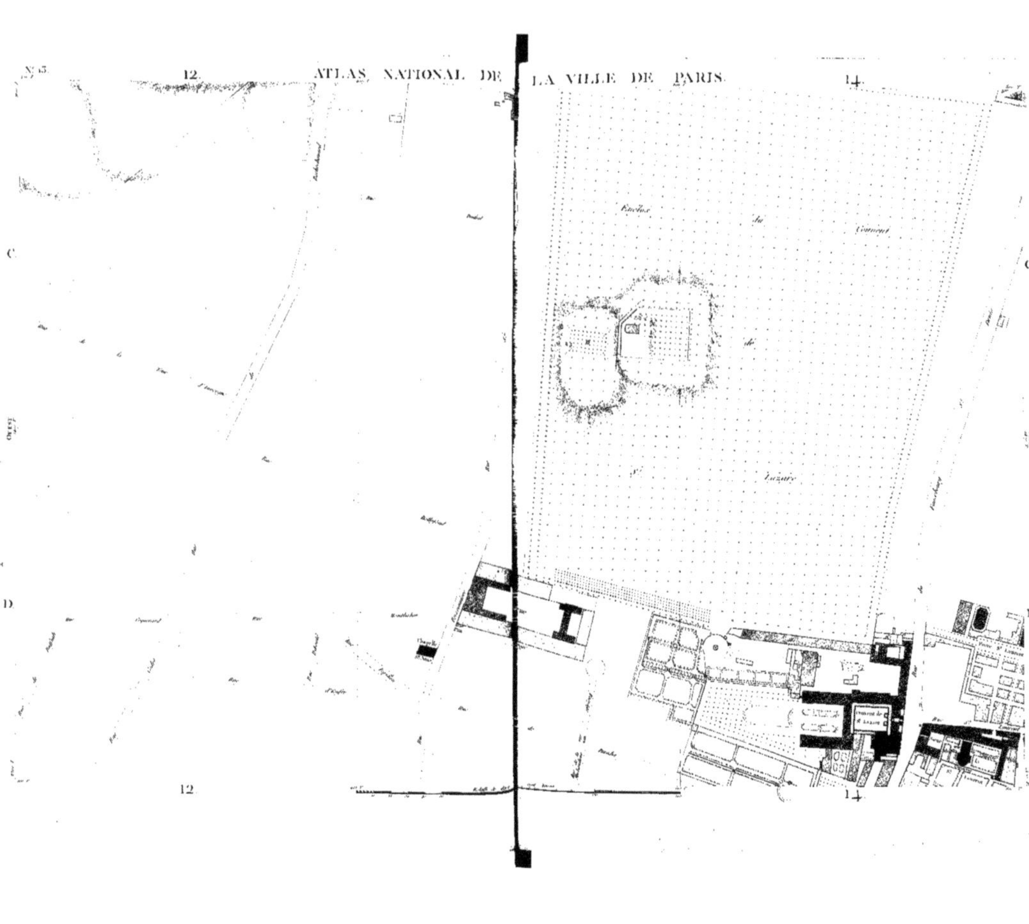

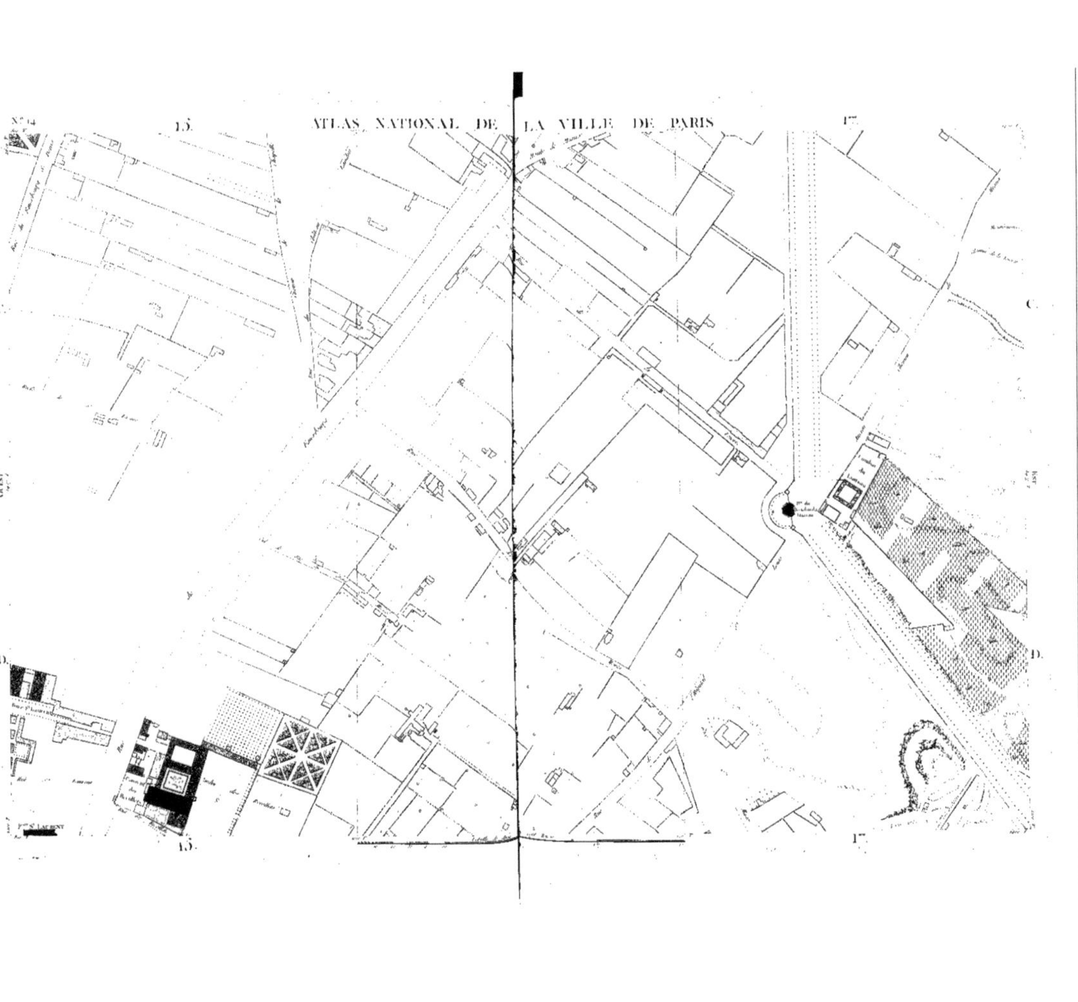

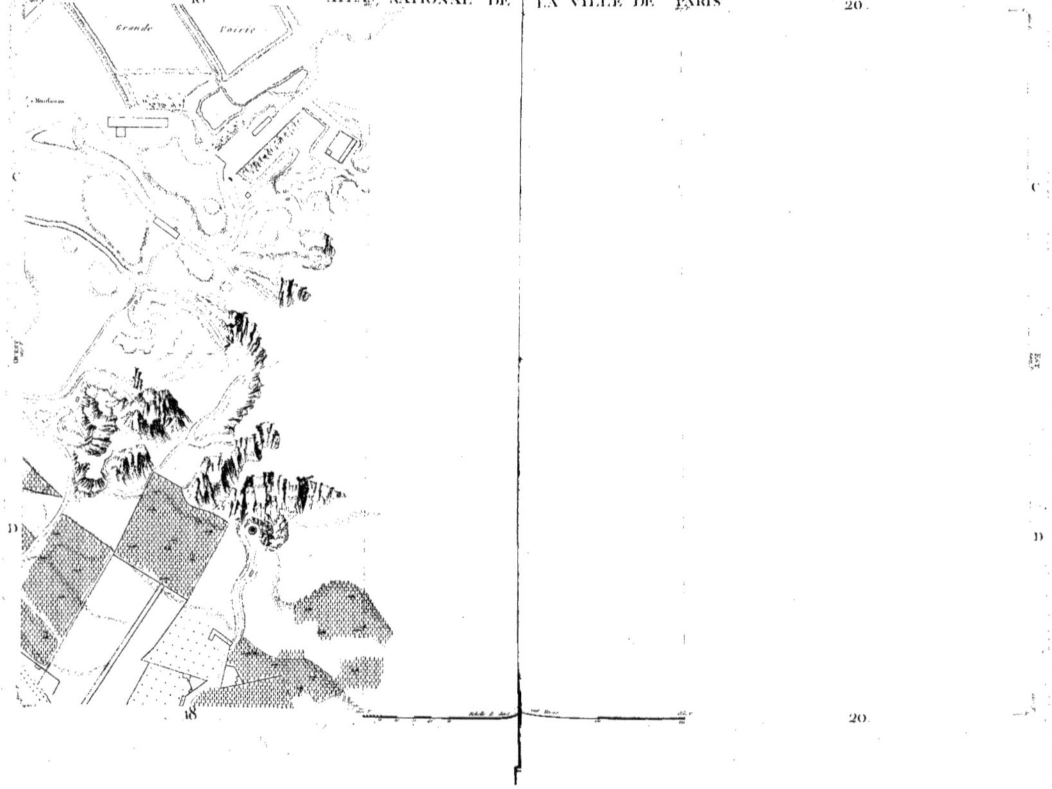

18
20
Grande Voirie
18
20

PLAN
DE LA
VILLE DE PARIS
AVEC SA NUVELLE ENCEINTE

Levé Géométriquement

sur la Méridenne de l'Observatoire.

Par le C^en VERNIQUET

achevé en 1791.

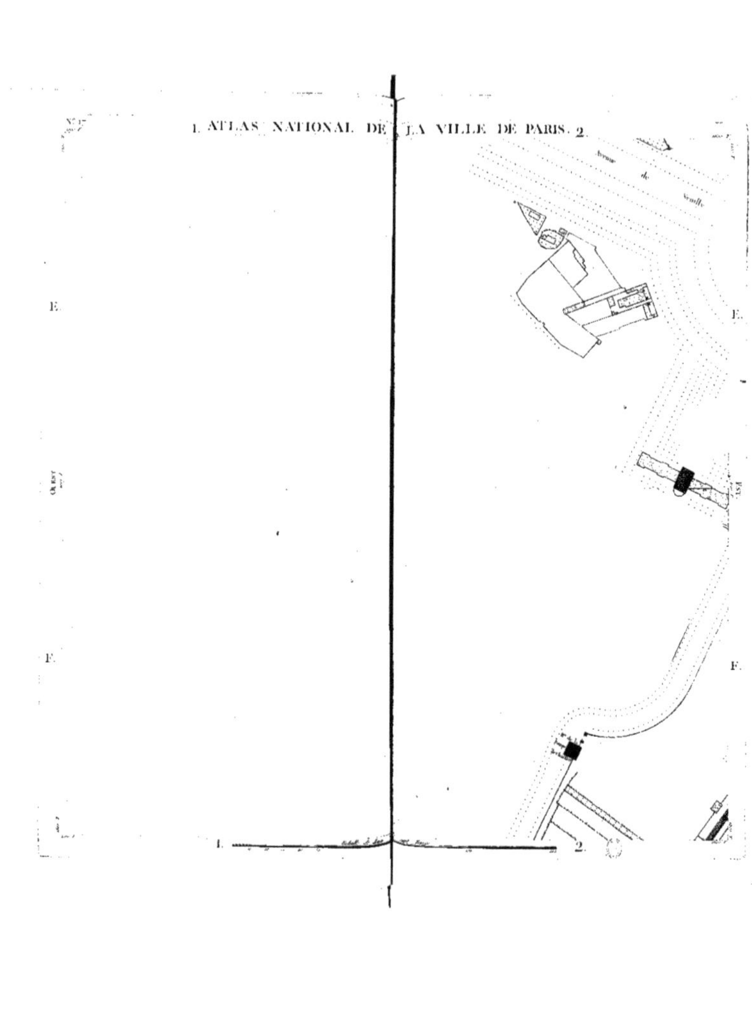

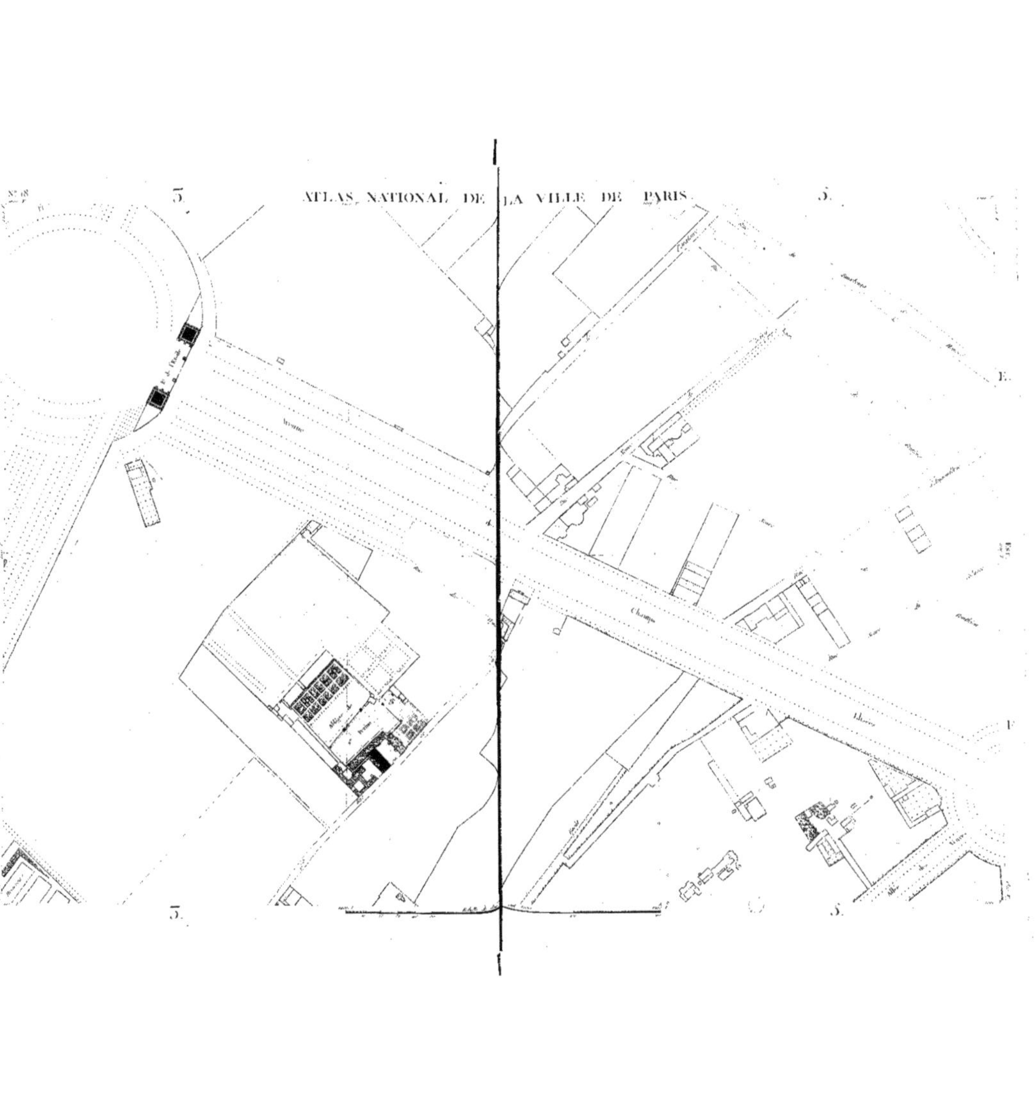

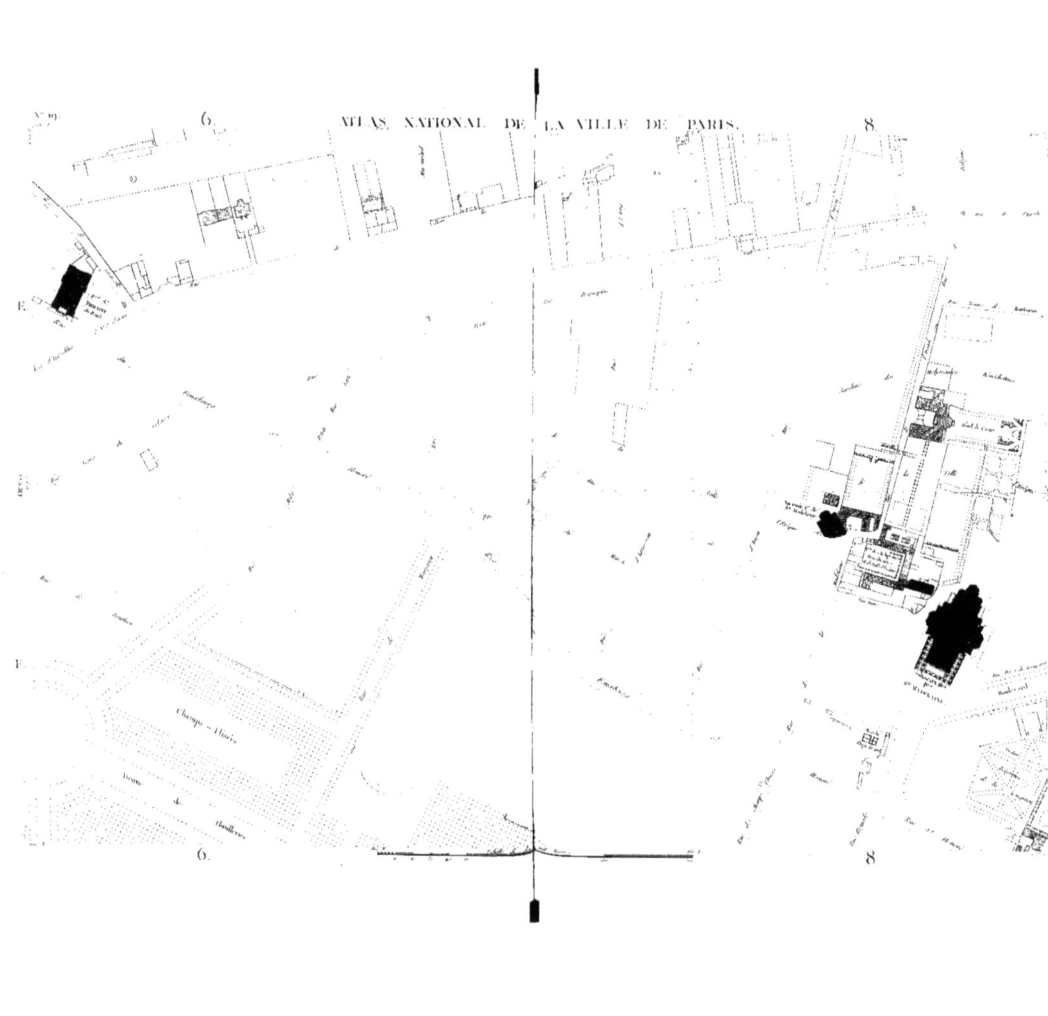

ATLAS NATIONAL DE LA VILLE DE PARIS.
6.
8.
Champs Élysées

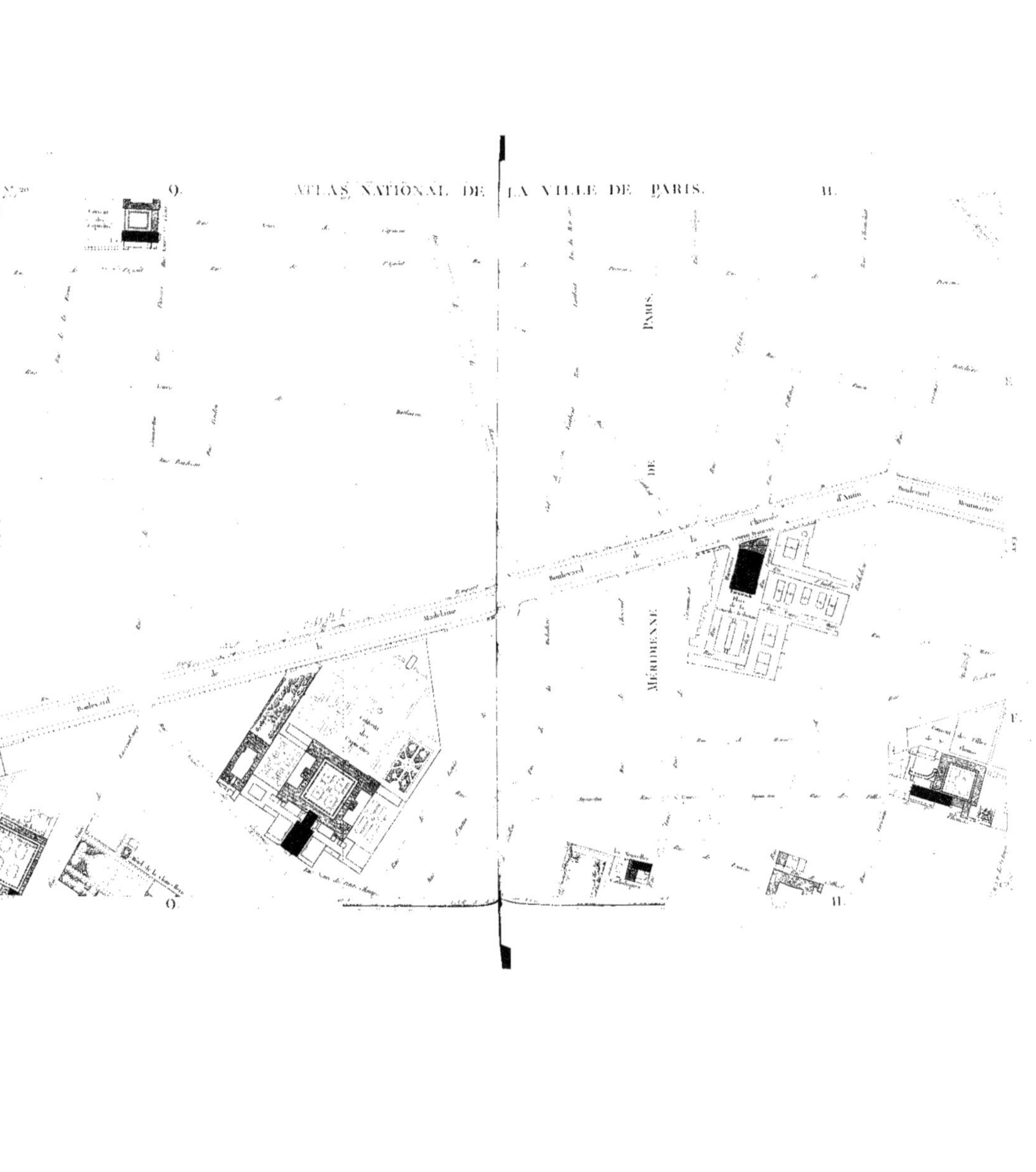

ATLAS NATIONAL DE LA VILLE DE PARIS.
PARIS
DE
MÉRIDIENNE
Madeleine
Boulevard
Boulevard
Boulevard Montmartre
d'Antin
O.
H.
O.
H.

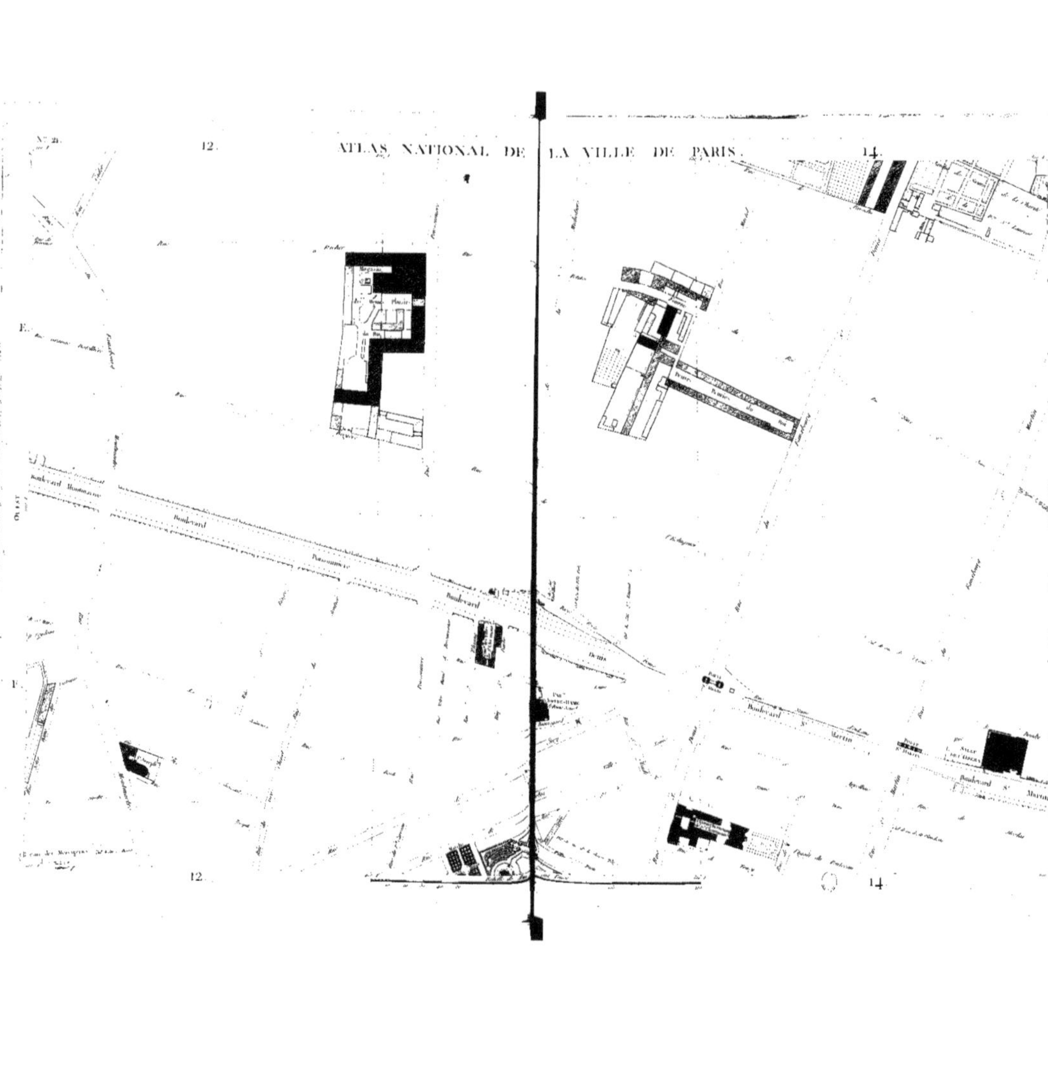

ATLAS NATIONAL DE LA VILLE DE PARIS.
12.
14.
Boulevard
Boulevard
Boulevard
Boulevard St Martin
Boulevard St Martin

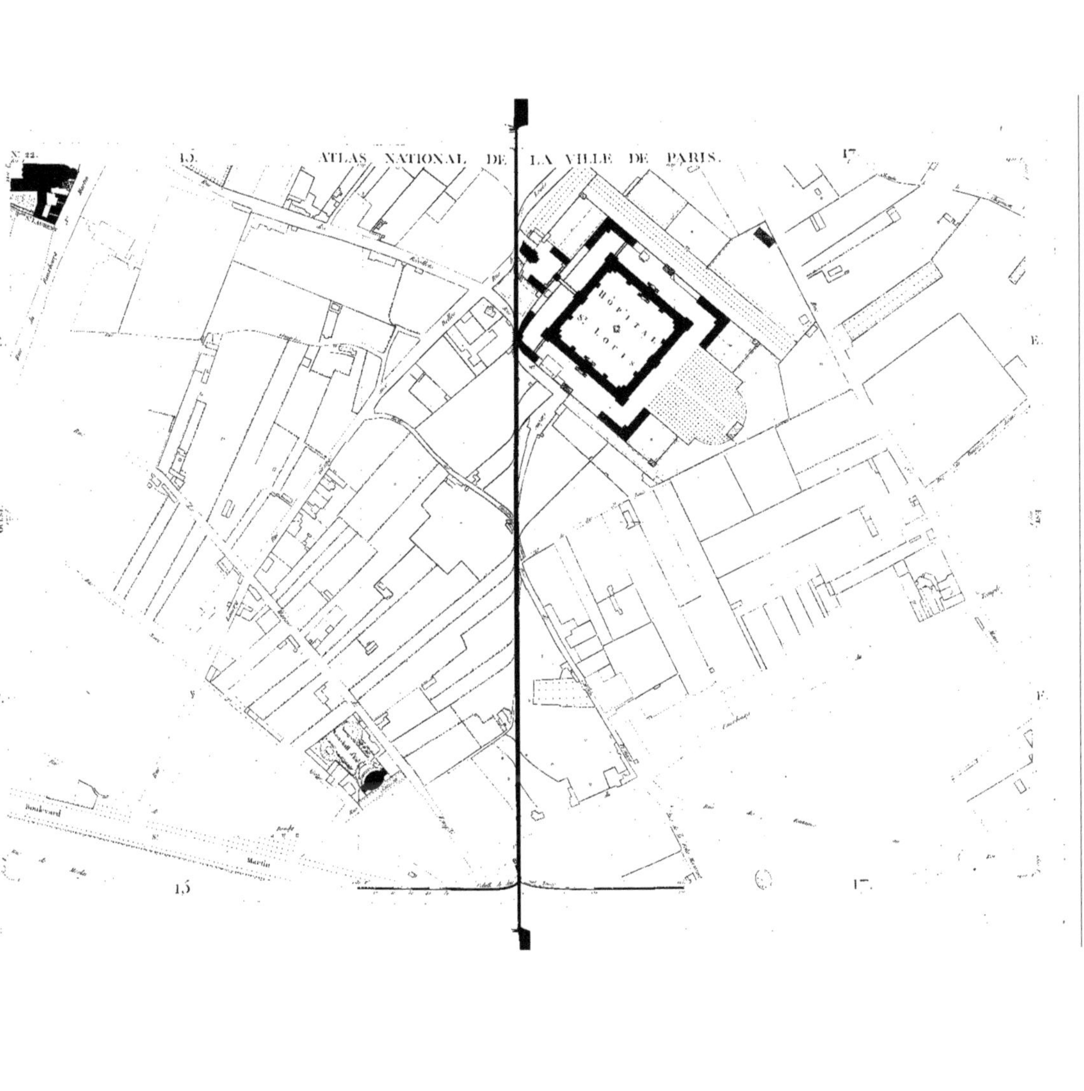

N° 22.
15.
ATLAS NATIONAL DE LA VILLE DE PARIS.
17.
HOPITAL St LOUIS
Boulevard
Martin
15
17.

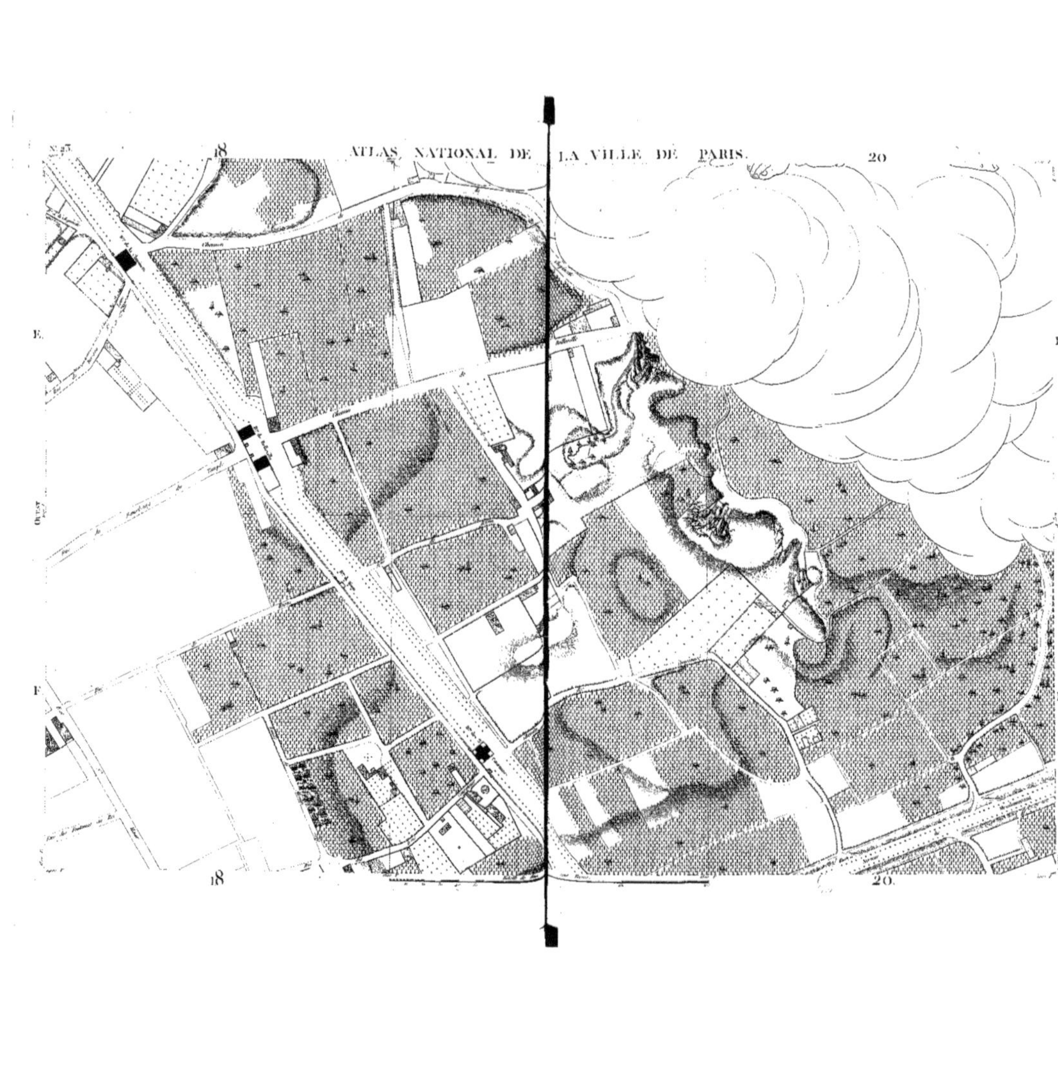

Verniquet

Verniquet

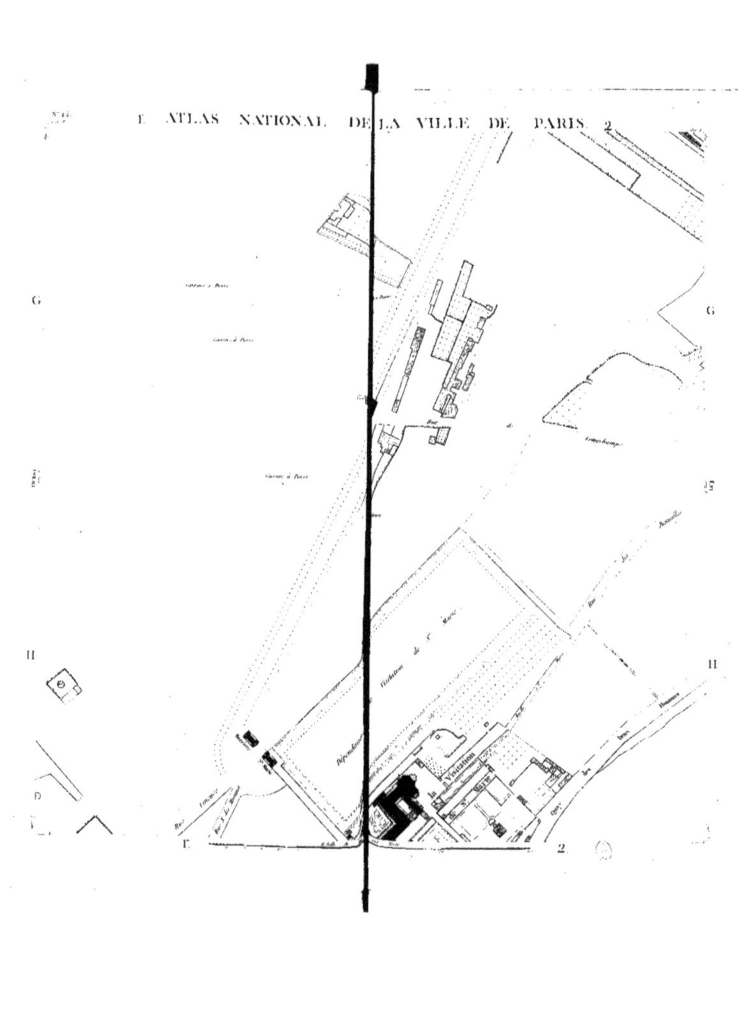
ATLAS NATIONAL DE LA VILLE DE PARIS

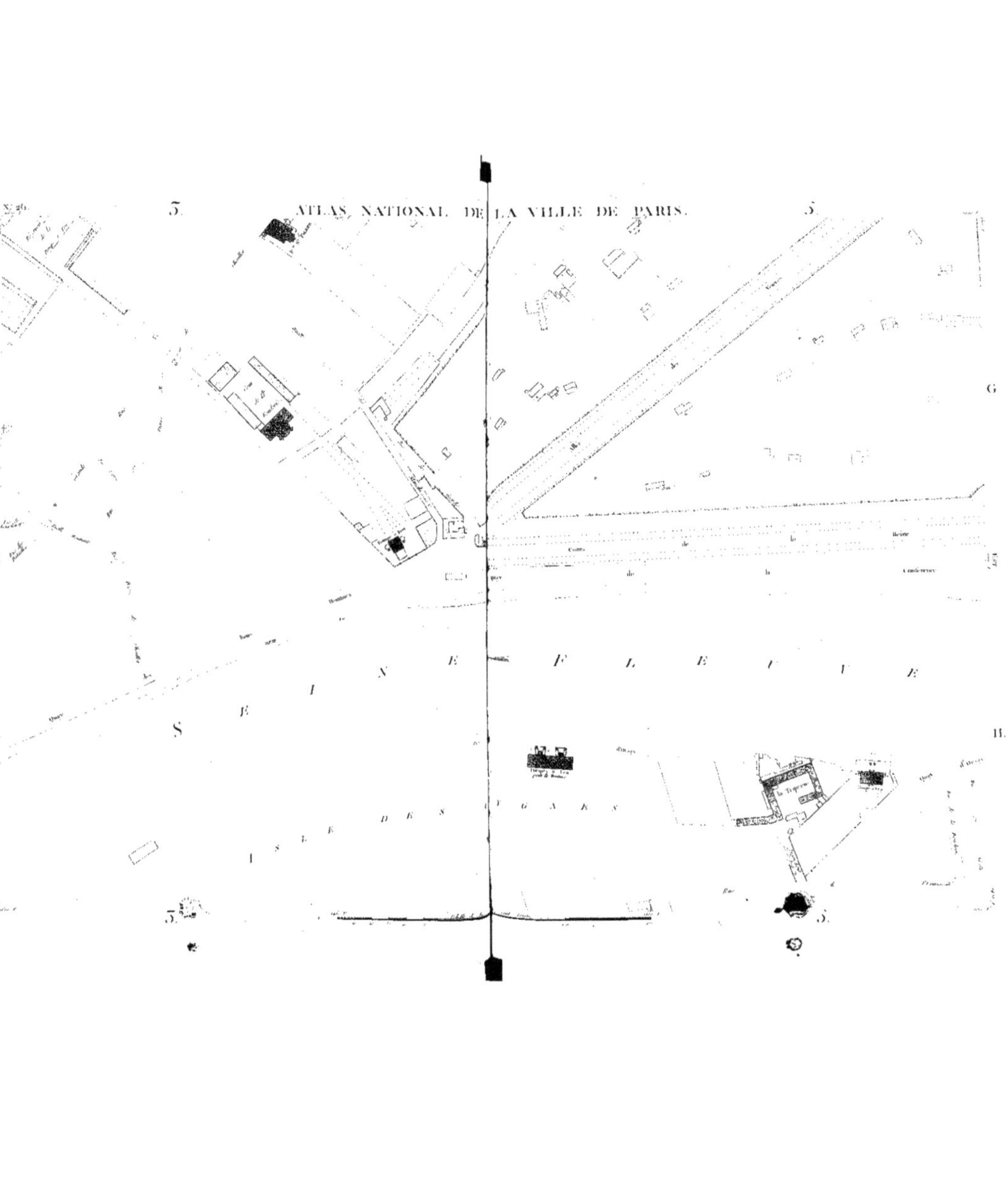

ATLAS NATIONAL DE LA VILLE DE PARIS.
5.
5.
G
G
H
H
S E I N E   F L E U V E
I S L E   D E S   C Y G N E S
OUEST
EST

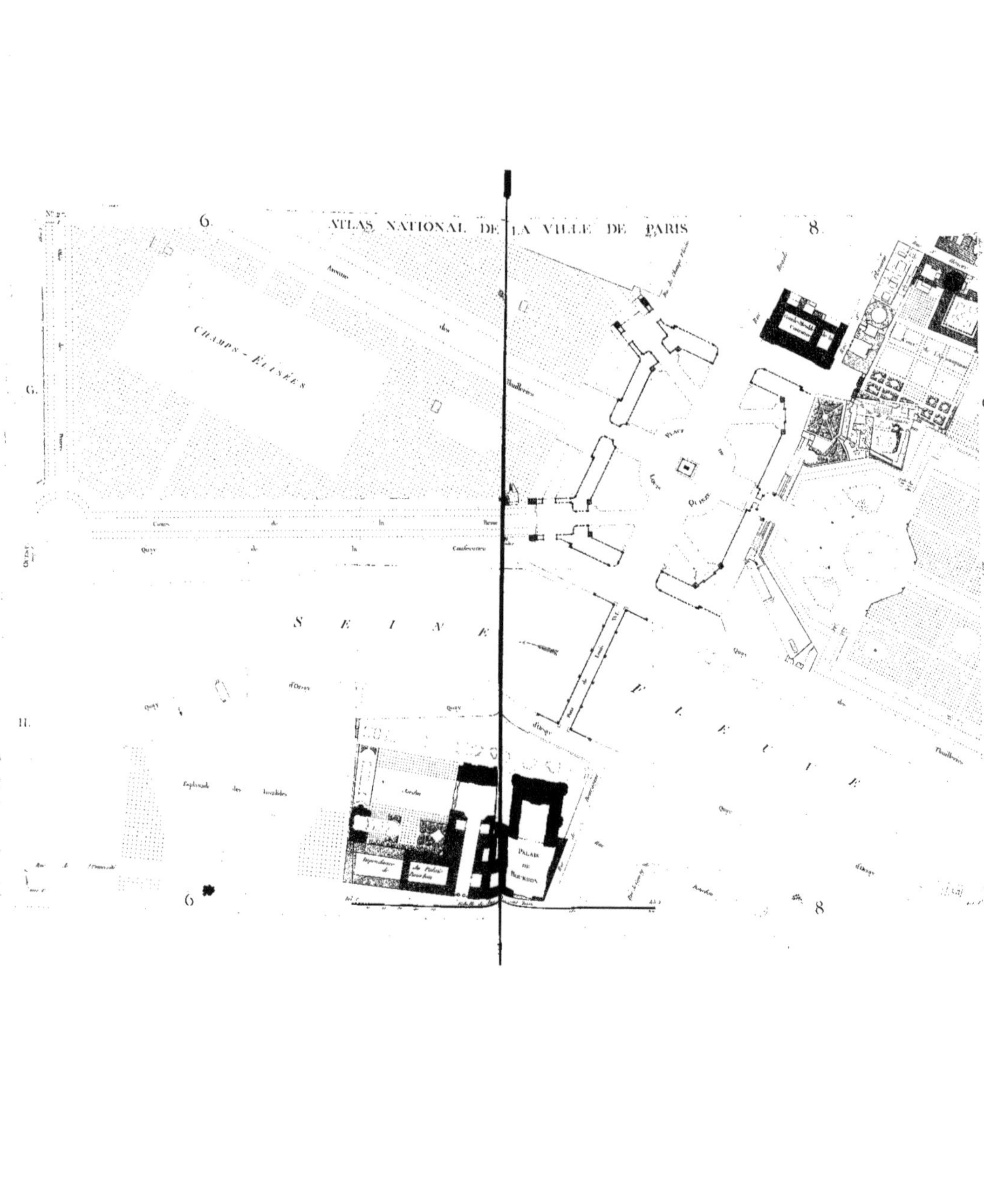
ATLAS NATIONAL DE LA VILLE DE PARIS
6.
8.
CHAMPS-ÉLISÉES
SEINE
FLEUVE
Esplanade des Invalides
PALAIS DE BOURBON

PLACE DE
LOUIS LE GRAND
PARIS
DE
PAROISSE
St ROCH
PALAIS ROYAL
PALAIS DES TUILLERIES
MÉRIDIENNE
9.

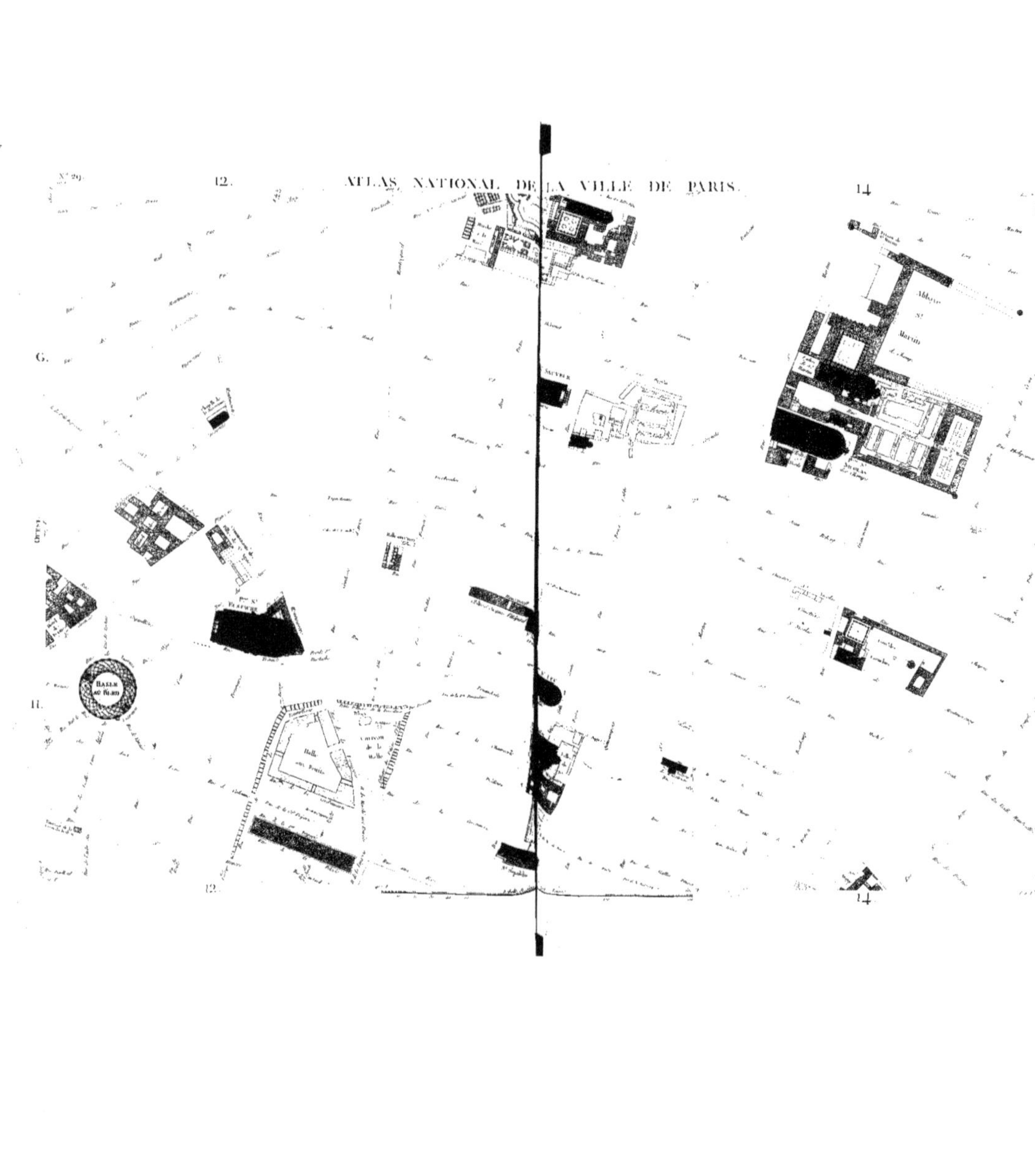
HALLE
AU BLED

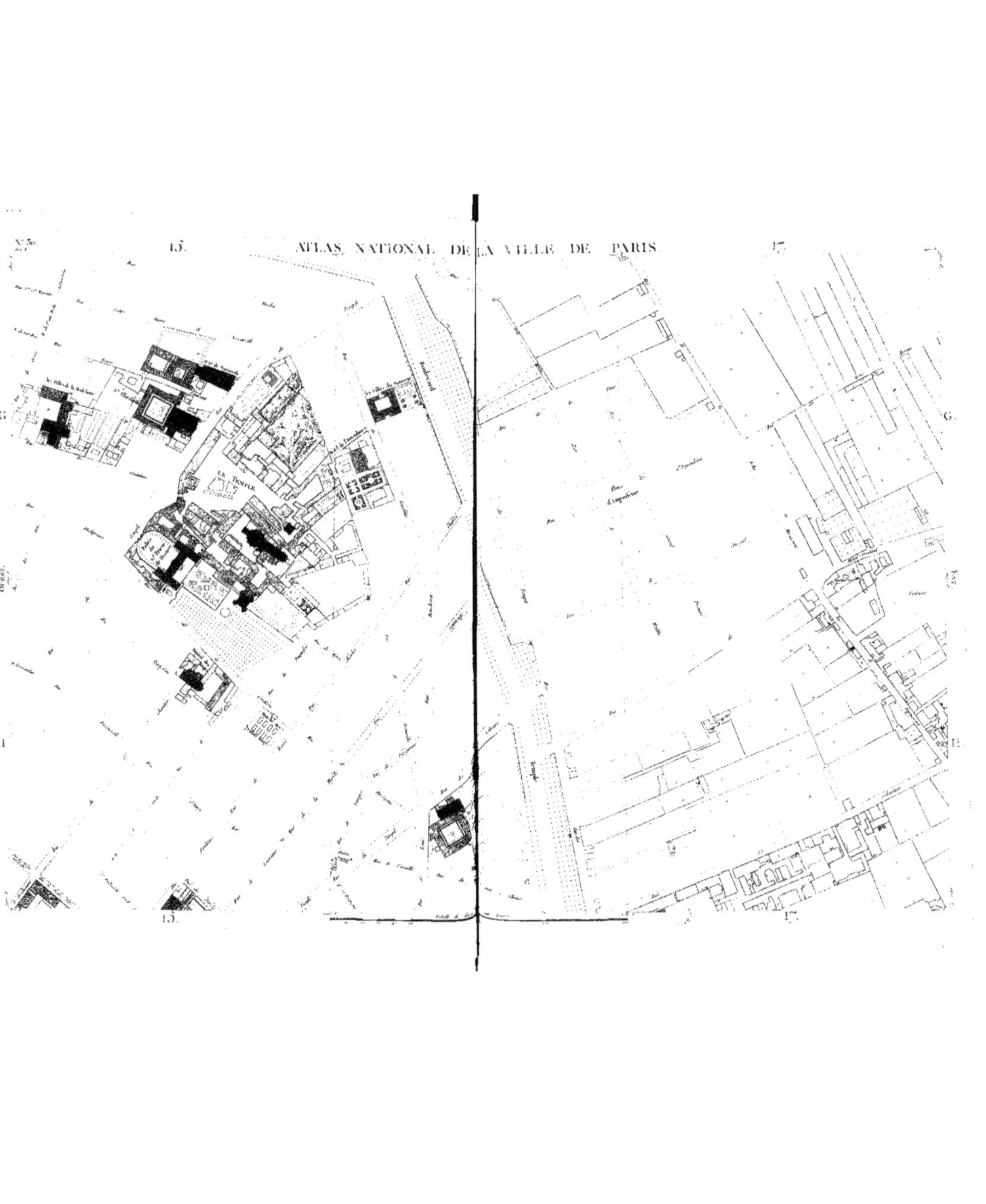

ATLAS NATIONAL DE LA VILLE DE PARIS.

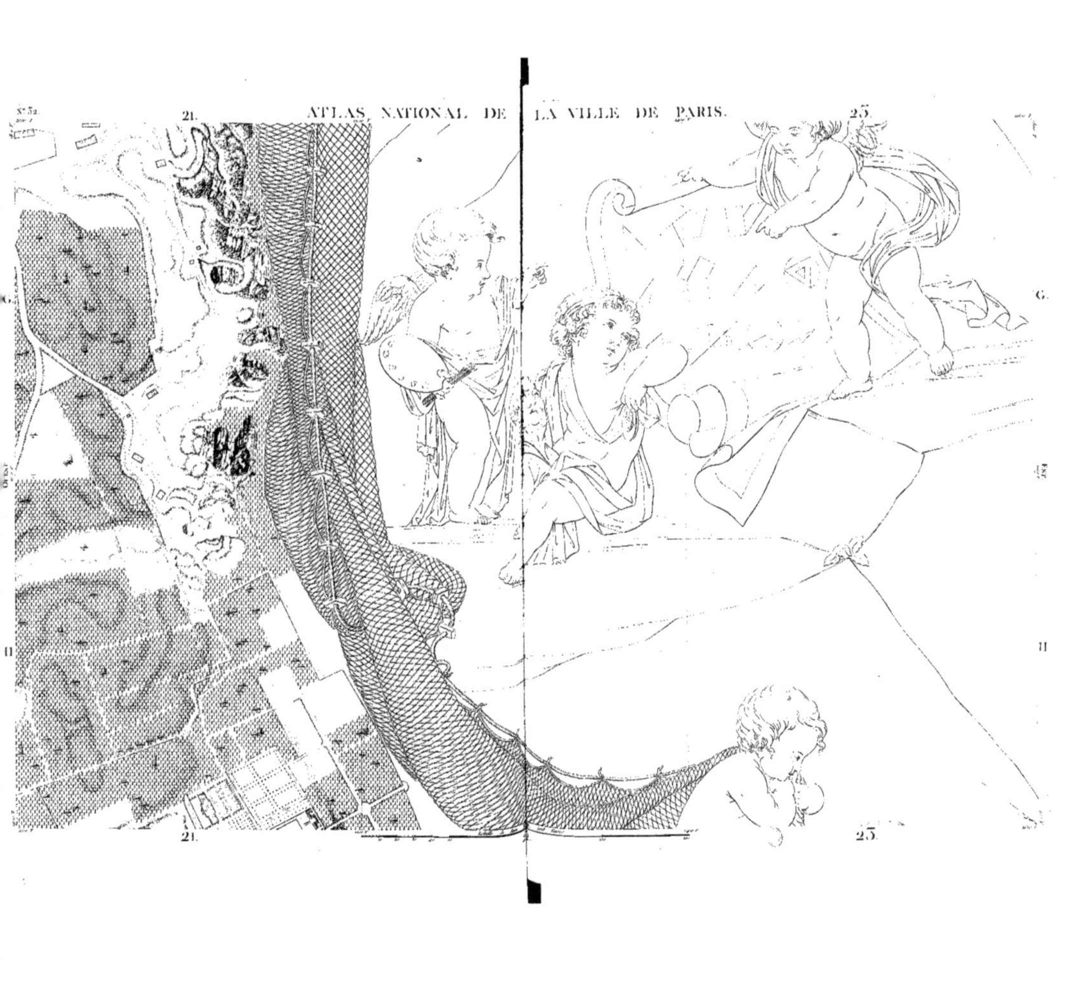

N.º 32.
21.
ATLAS NATIONAL DE LA VILLE DE PARIS.
23.
21.
23.

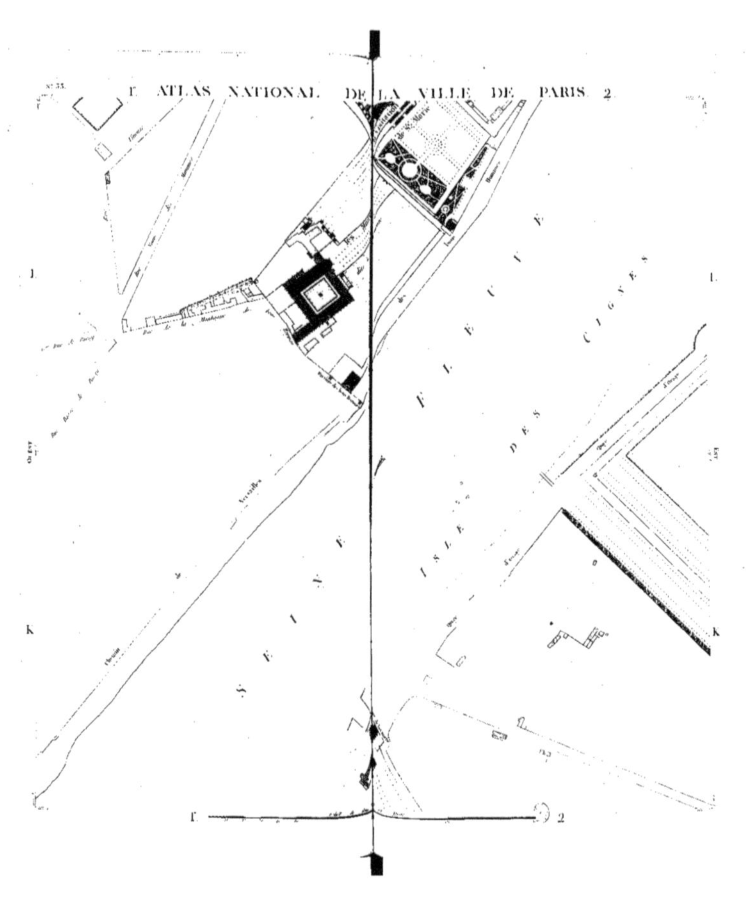
N.° 55.
1. ATLAS NATIONAL DE LA VILLE DE PARIS. 2
FLEUVE
ISLE DES CIGNES
SEINE

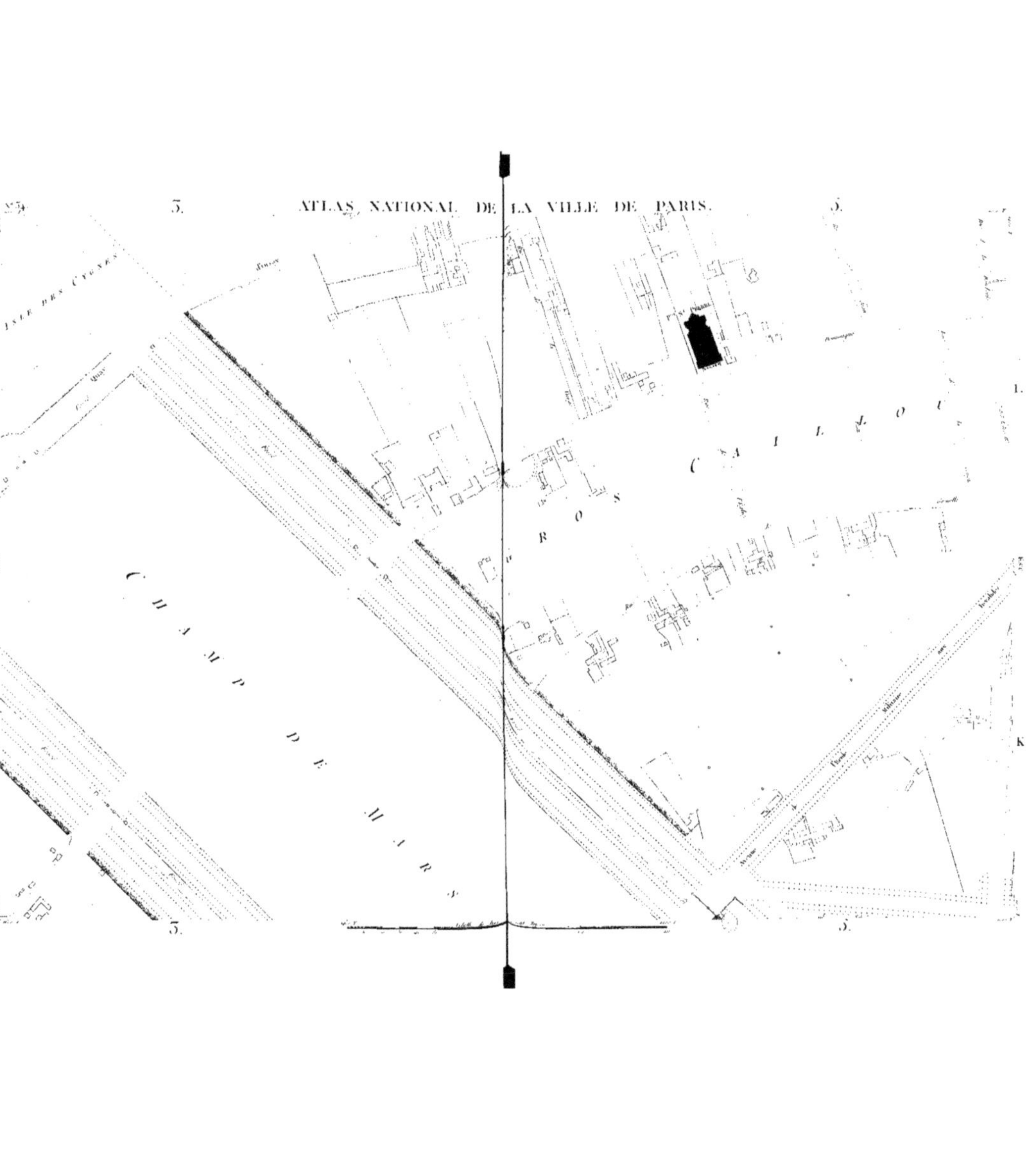
ATLAS NATIONAL DE LA VILLE DE PARIS.
5.
5.
ISLE DES CYGNES
GROS CAILLOU
CHAMP DE MARS
I.
I.
K.
K.
5.
5.

ATLAS NATIONAL DE LA VILLE DE PARIS.
6
8
ESPLANADE
DES
INVALIDES
HÔTEL
DES
INVALIDES
6.
8.

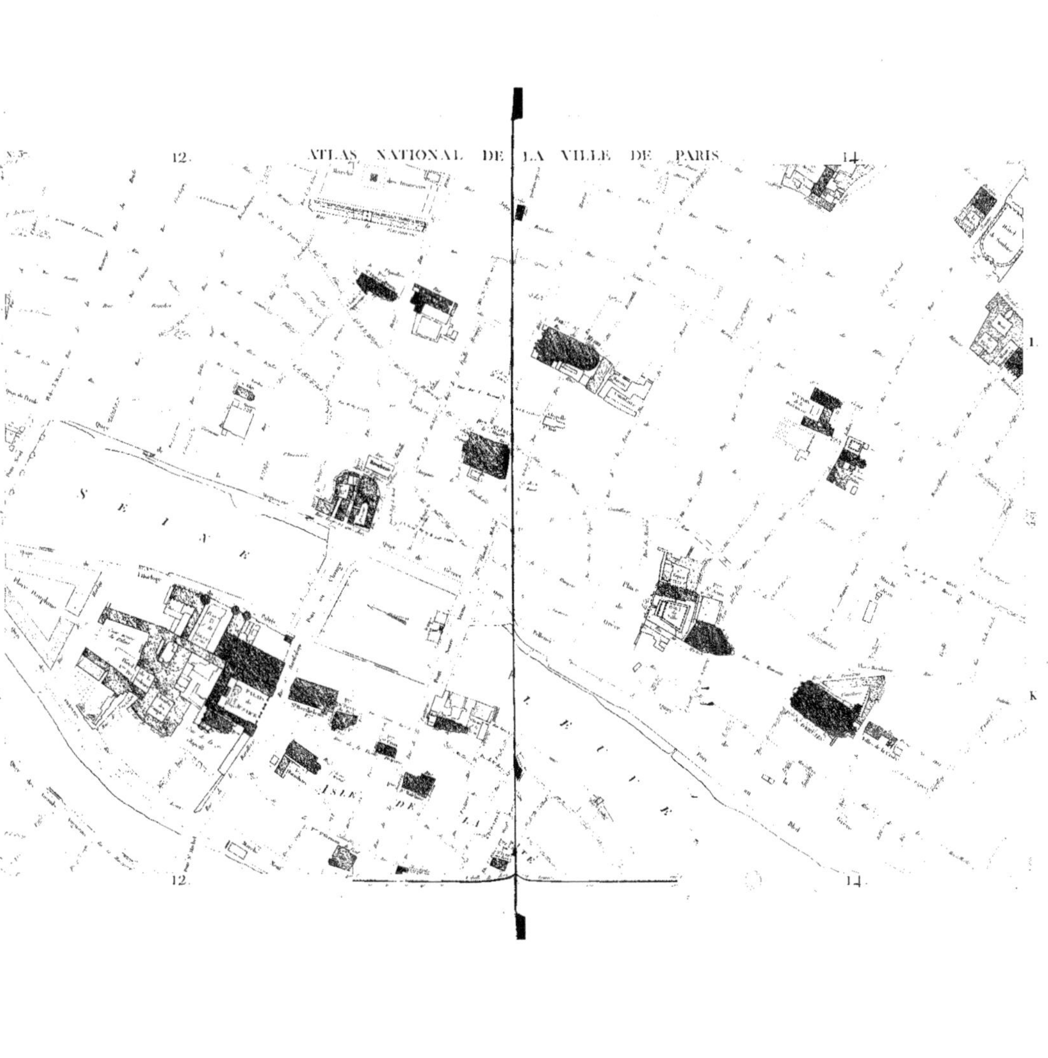

ATLAS NATIONAL DE LA VILLE DE PARIS
12
14
SEINE

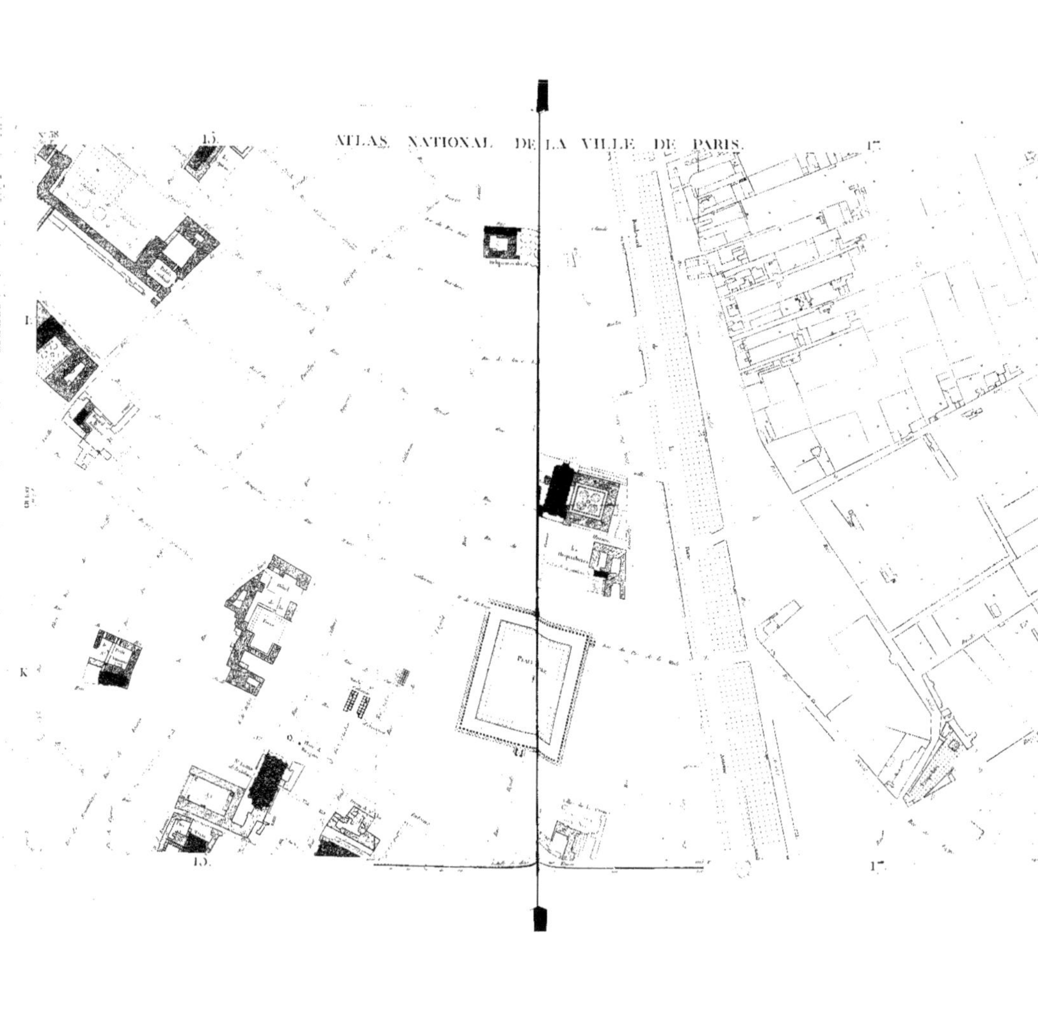

ATLAS NATIONAL DE LA VILLE DE PARIS.

N°39
18
20
ATLAS NATIONAL DE LA VILLE DE PARIS.
18
20

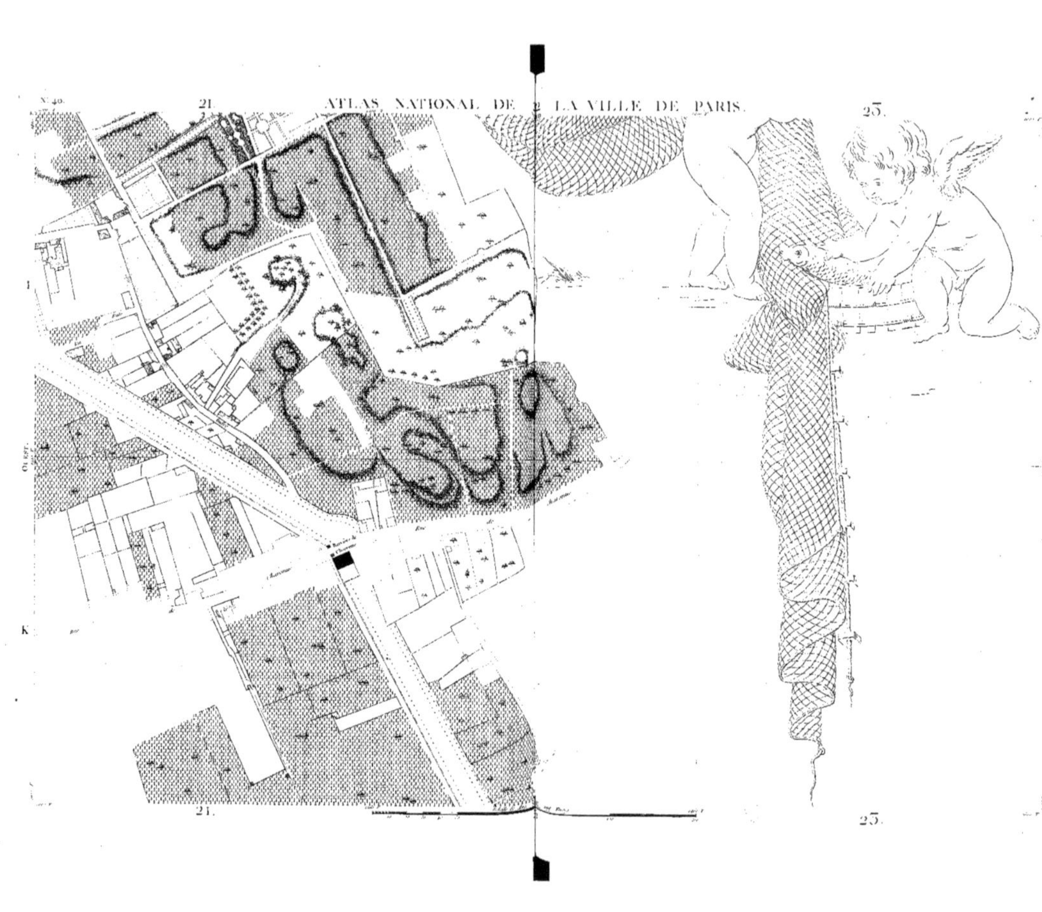
21.
25.

1. ATLAS NATIONAL DE LA VILLE DE PARIS. 2.

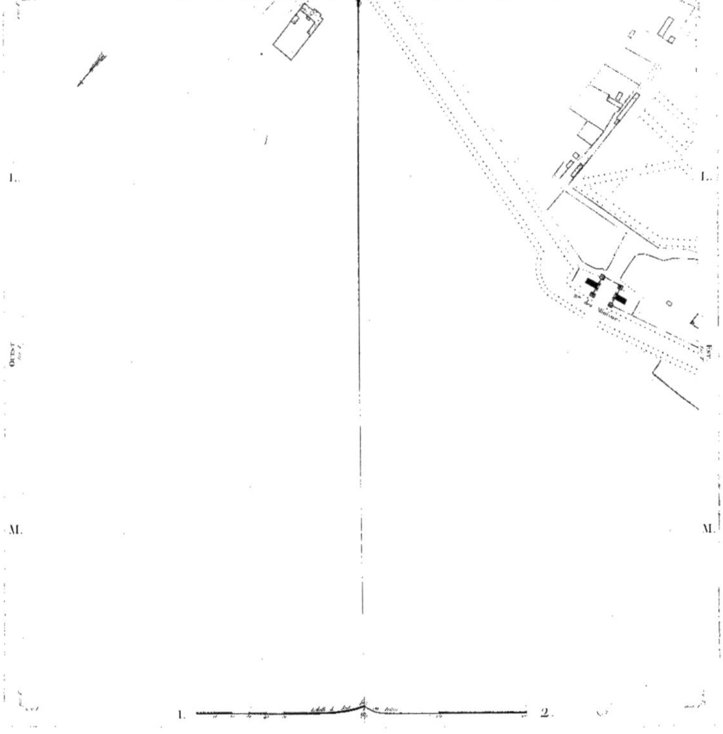

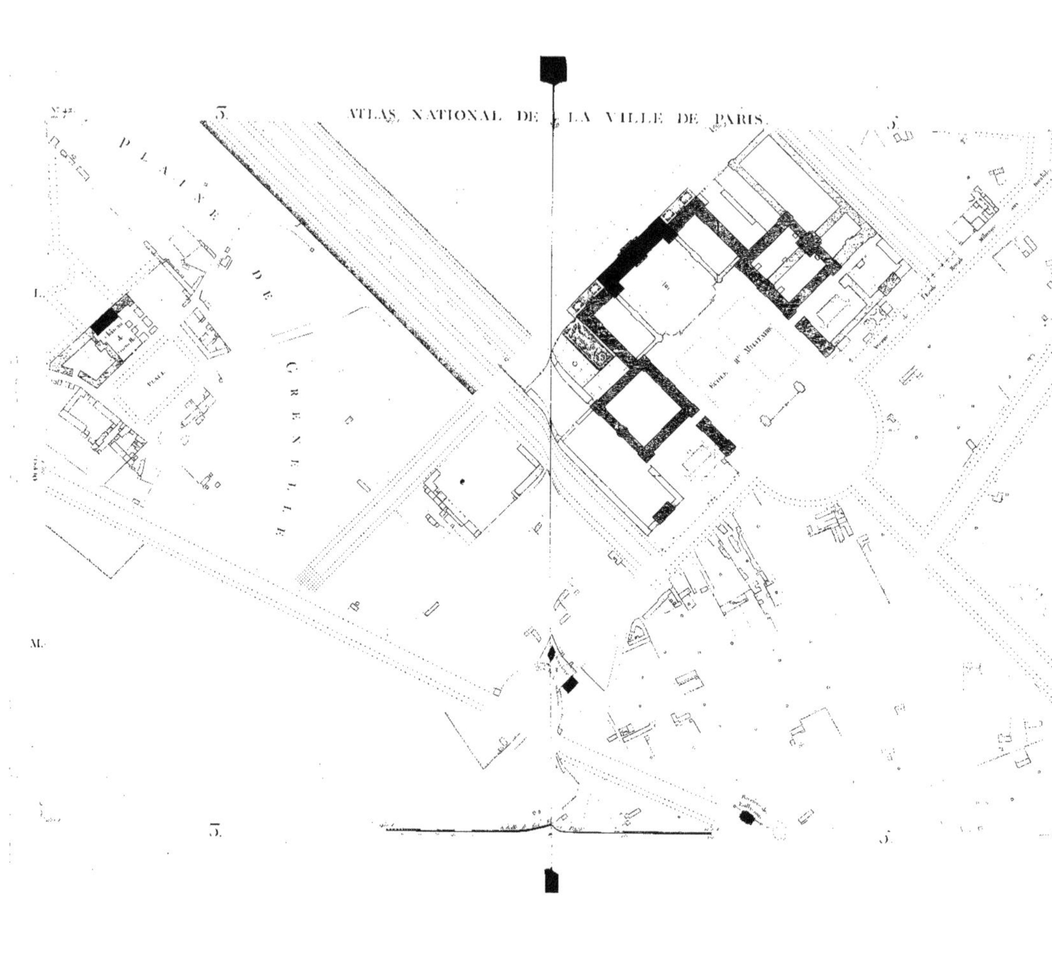

ATLAS NATIONAL DE LA VILLE DE PARIS.
PLAINE DE GRENELLE
ÉCOLE M.re MILITAIRE

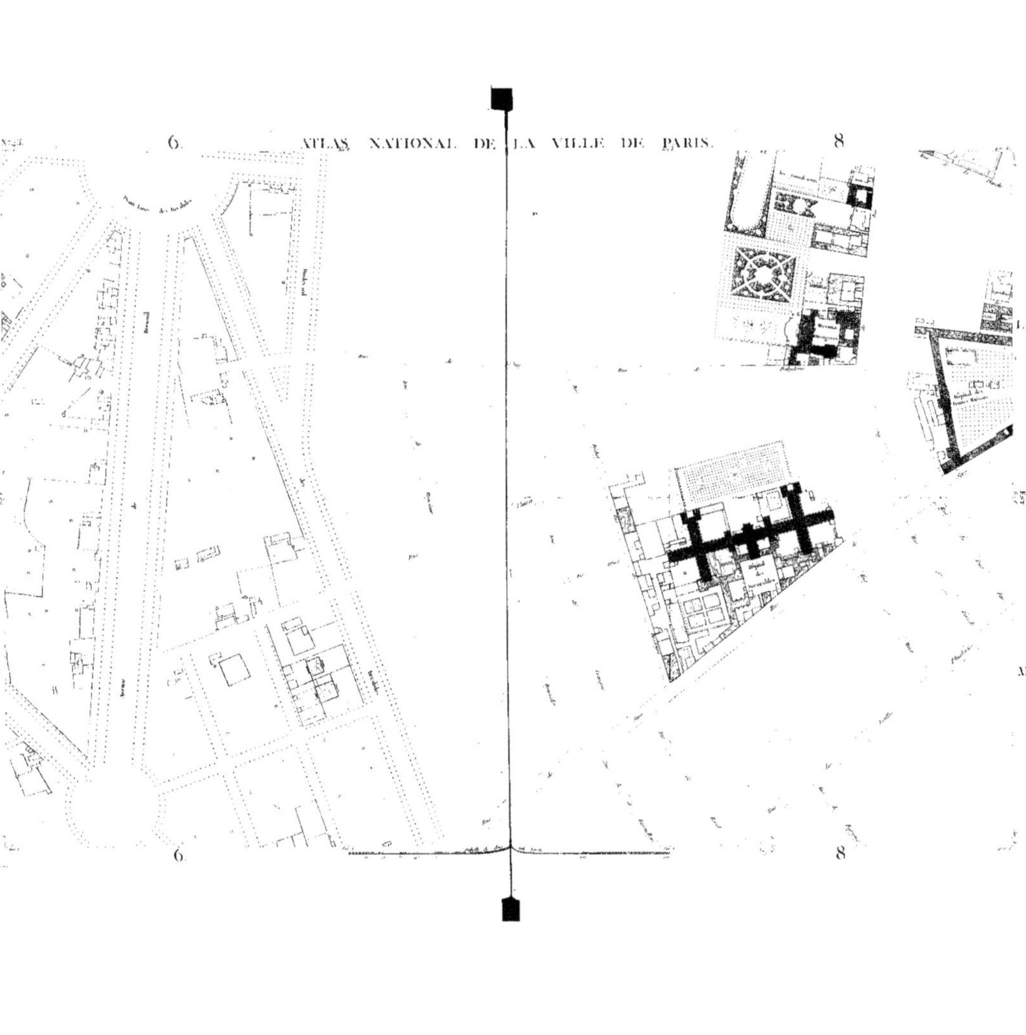

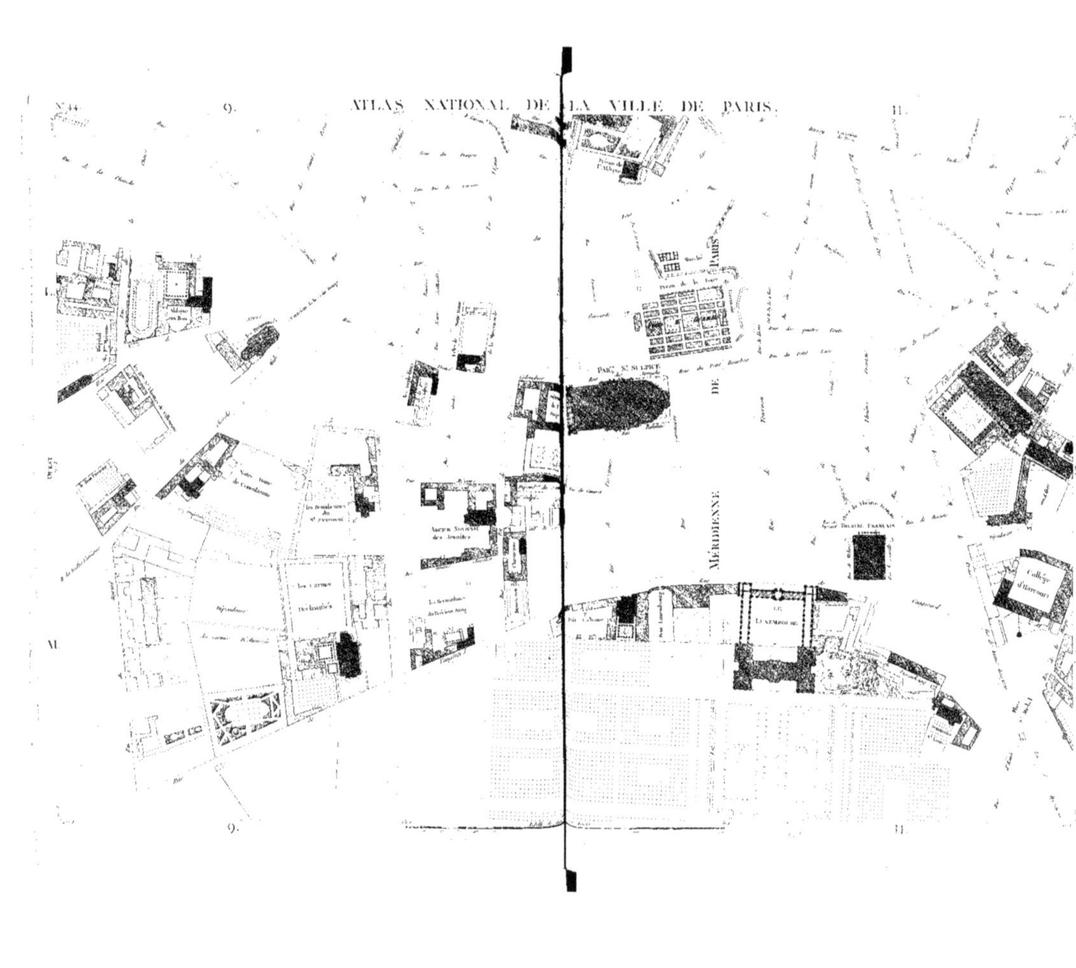

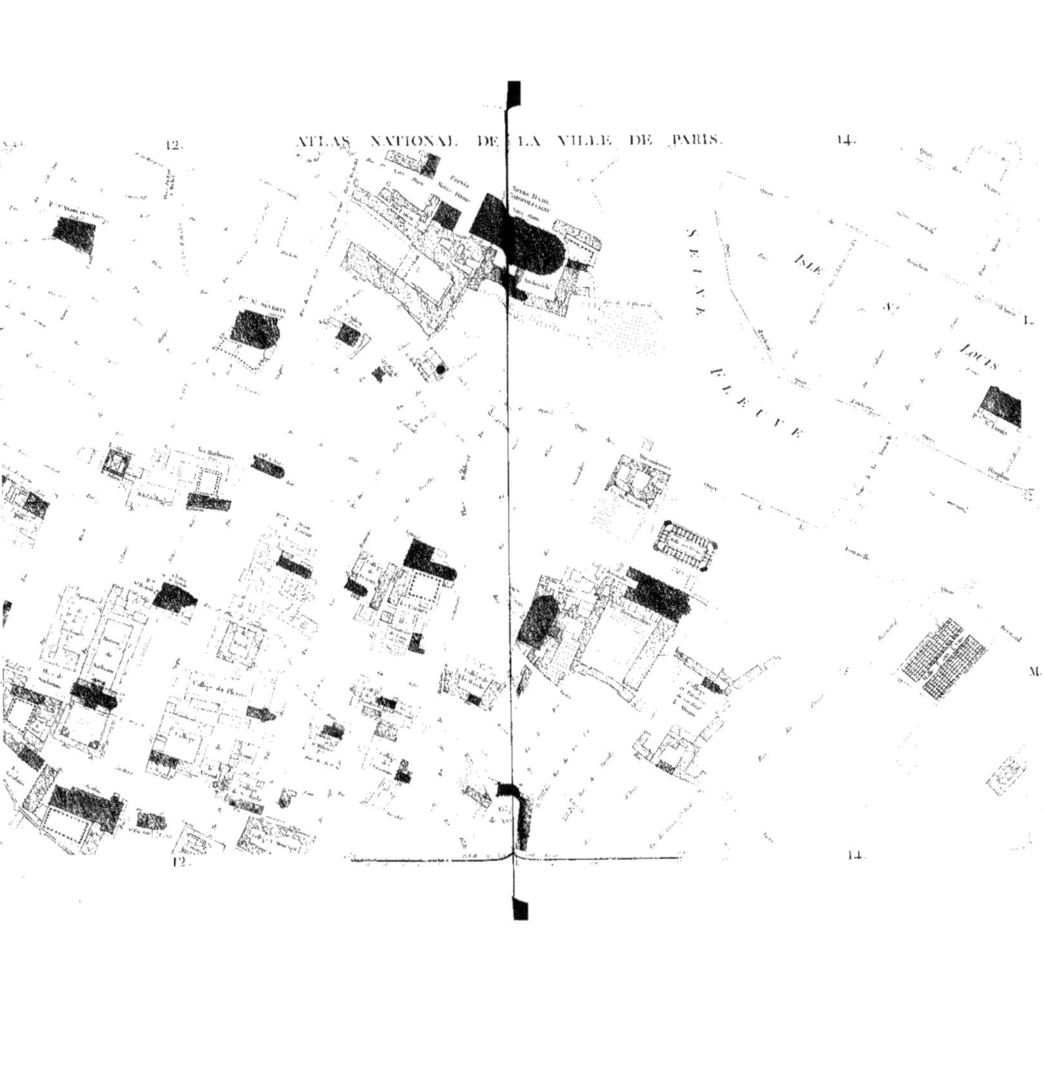
SEINE FLEUVE
ISLE St LOUIS

ISLE ST LOUIS
ISLE LOUVIER
SEINE FLEUVE
Place de la Bastille

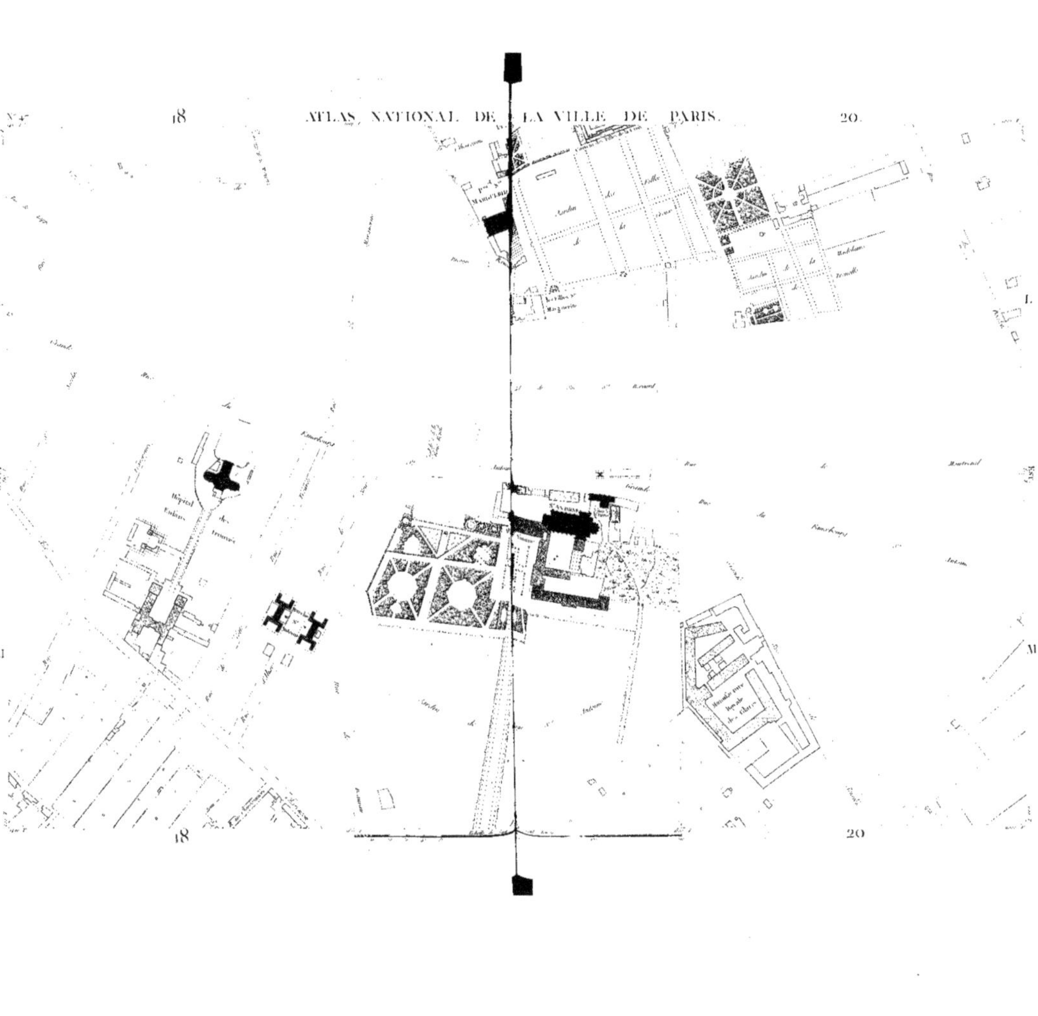

N° 48
21
25
PLACE
DU
THRÔNE
21
22
25

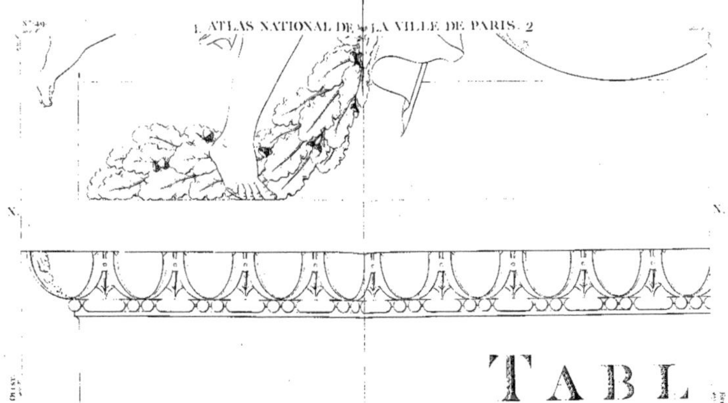

TABL[E]

PAR ORDRE ALPHA[BÉTIQUE]

des Rues, Cus-de-Sacs, Passages, Places, Ports,
Jardins, et Promenades Publiques, Boulevards, Avenües,

Qui se trouvent dans les quarrés désignés au Plan par les Lettres sur les

O.

Rues.	Rues.	Rues.	Rues.

1.   Sb.   2.

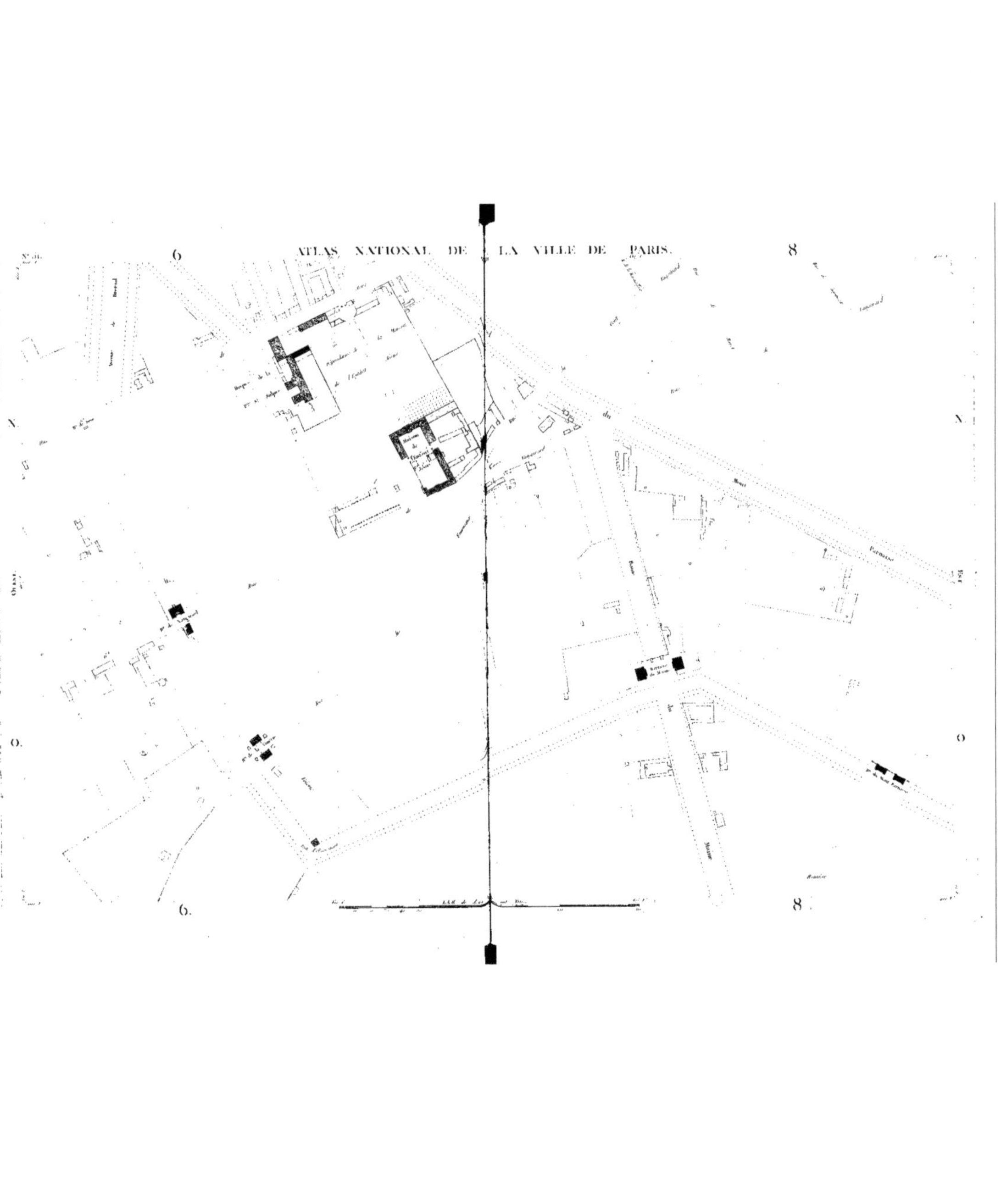
N.
O.
N.
O.
6.
8.

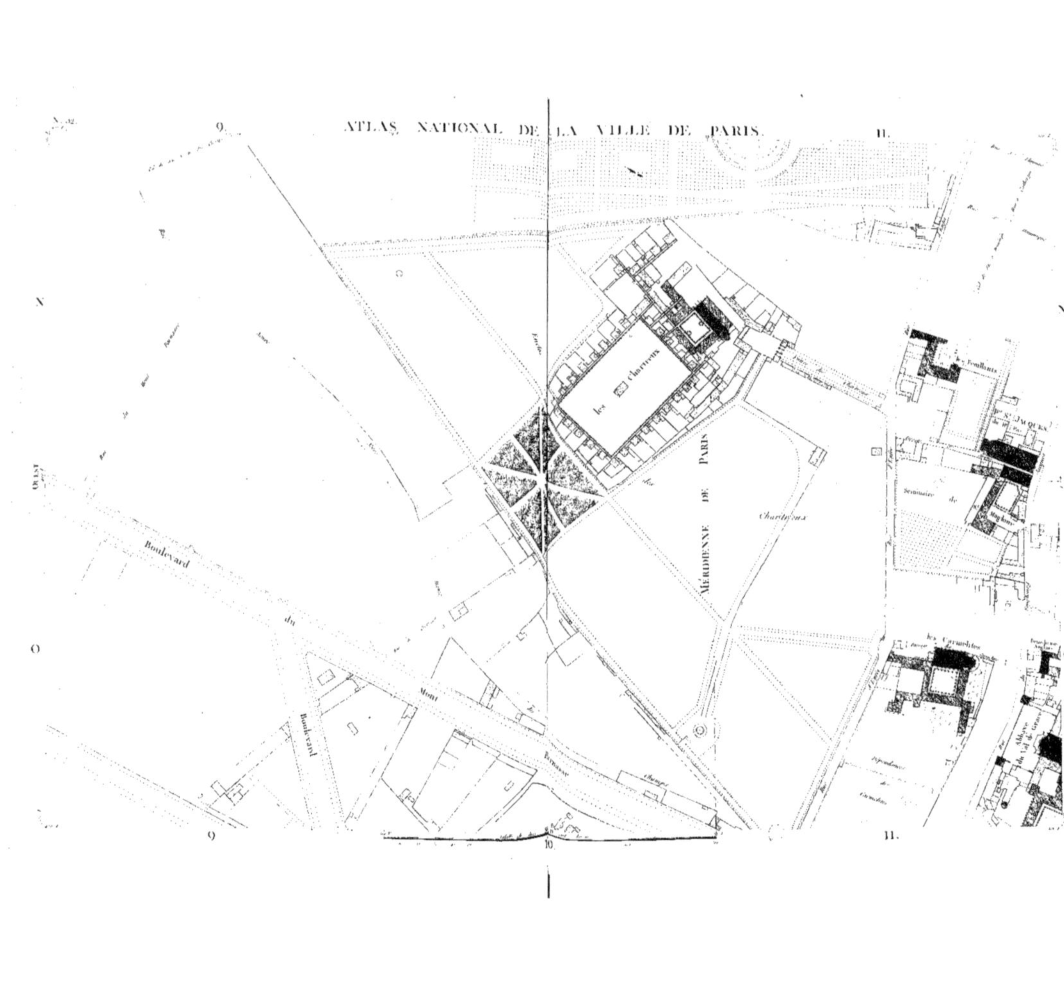

ATLAS NATIONAL DE LA VILLE DE PARIS.
Boulevard
Boulevard
du
Mont
Parnasse
les Chartreux
MÉRIDIENNE DE PARIS
des Chartreux
Seminaire de
Feuillans
St Jacques
les Carmelites
Abbaye du Val de Grace
N
O
9
10
11

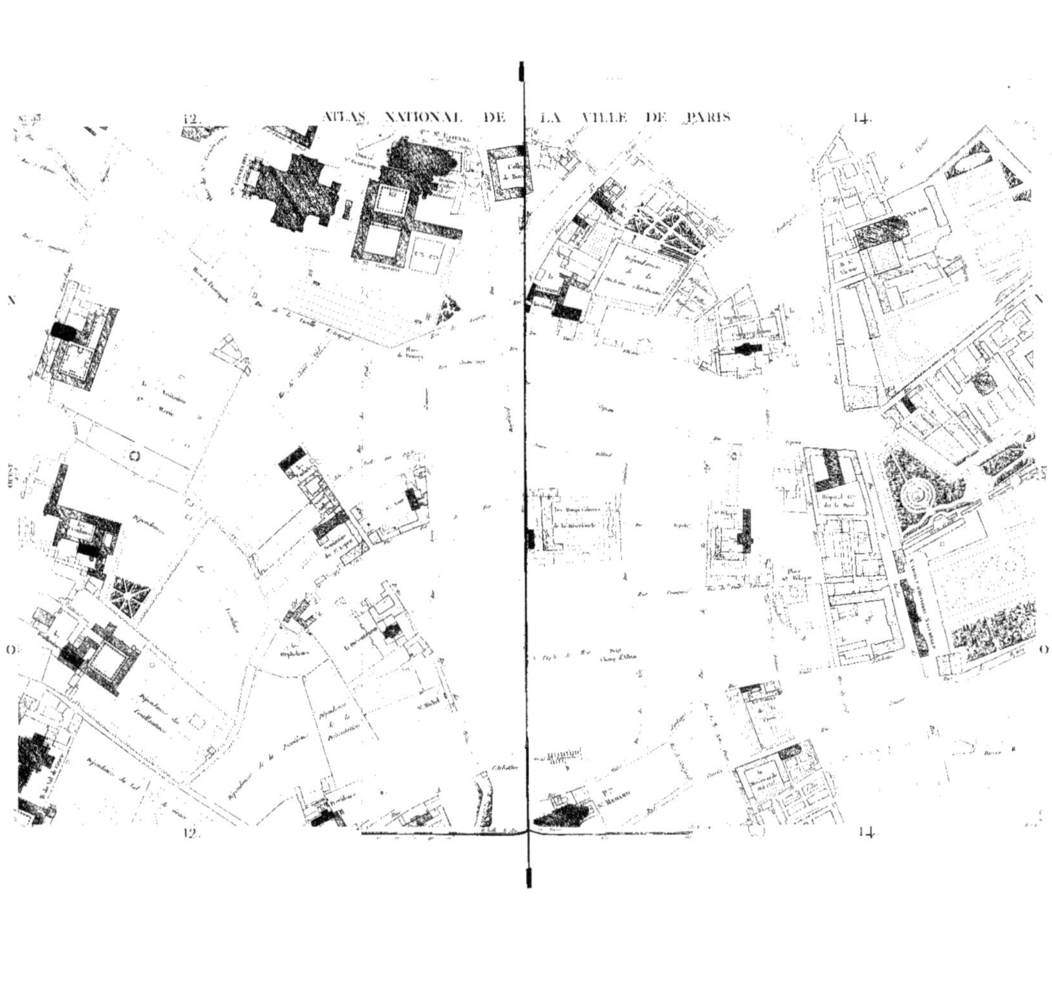
12.
14.
12.
14.

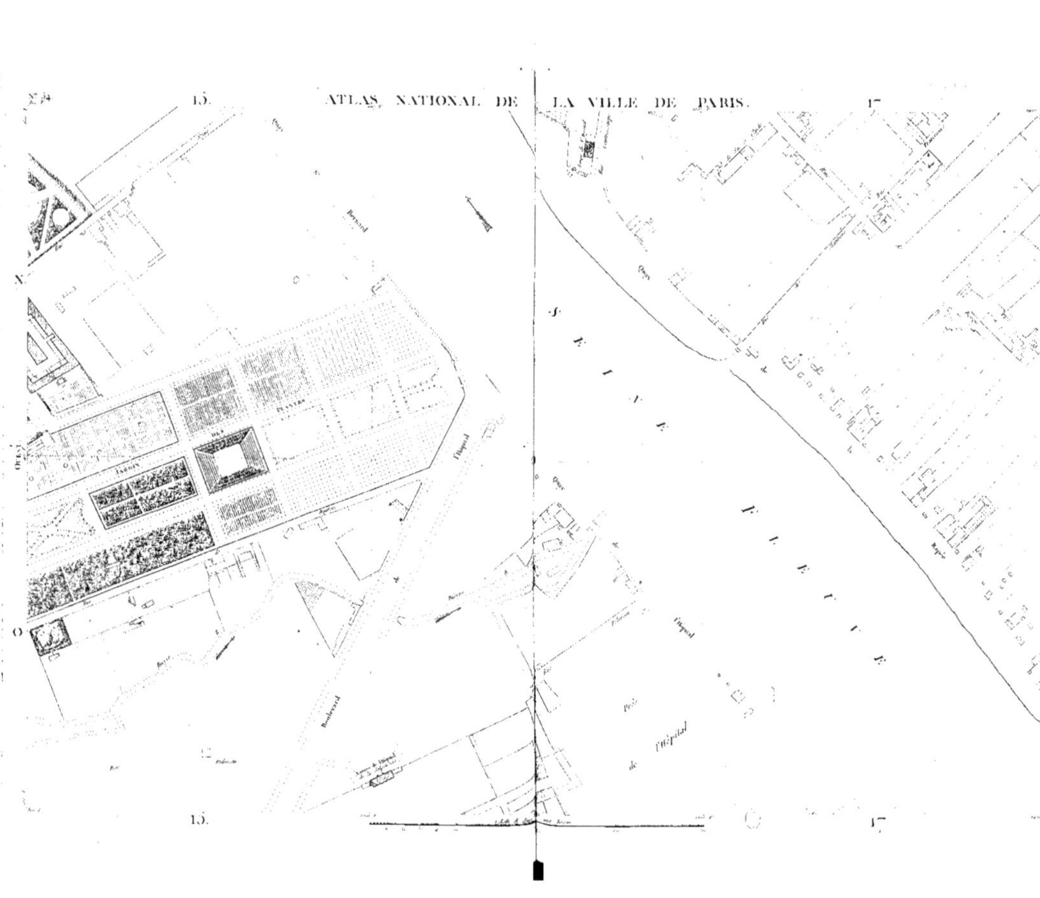
SEINE

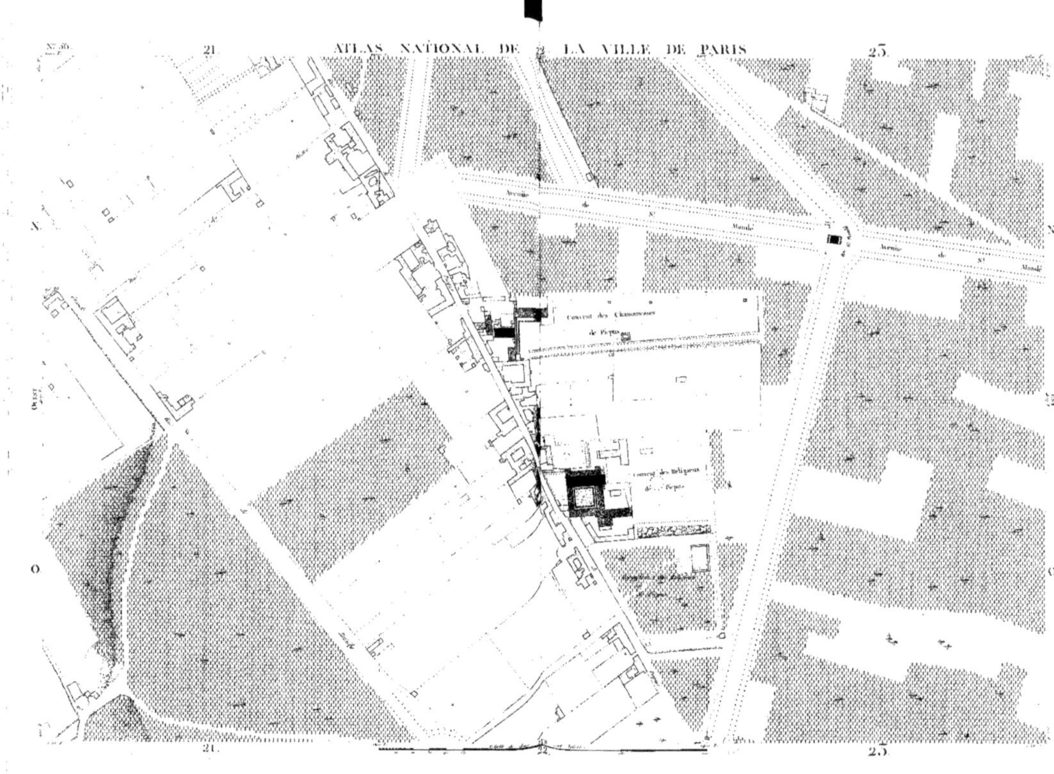
Avenue de St Mandé
Avenue de St Mandé
Couvent des Chartreuses de Picpus
Couvent des Religieux de Picpus

Perniquet

Verniquet

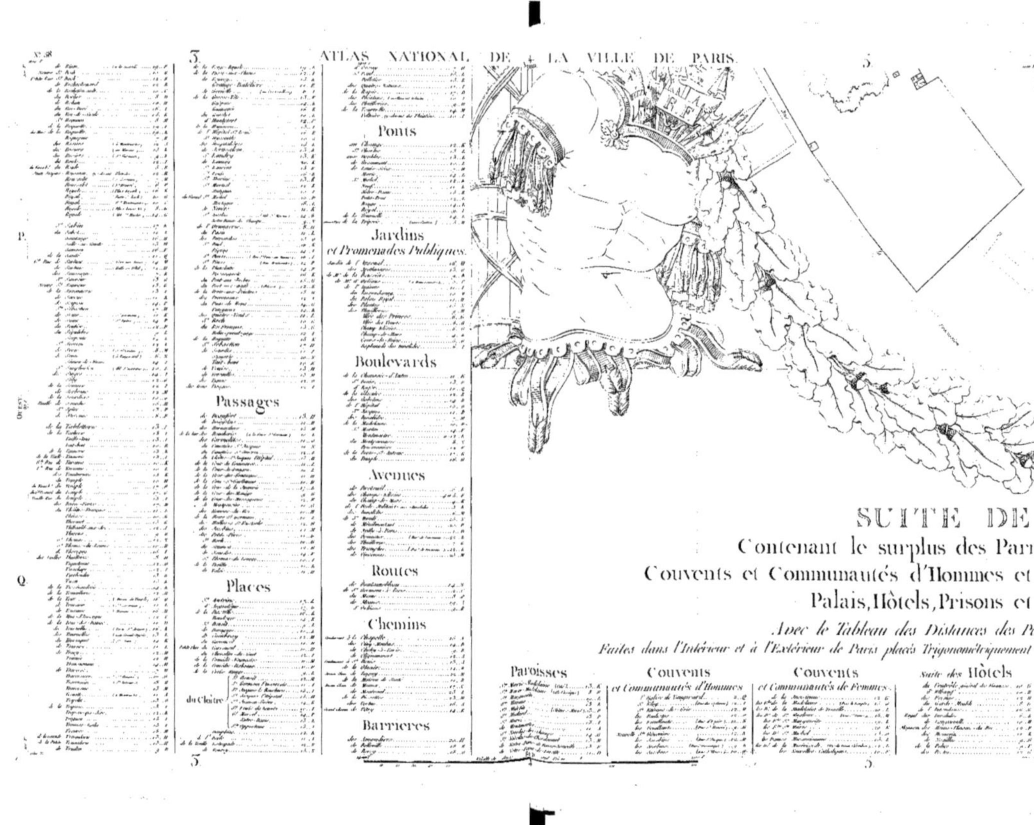

Ponts

Jardins
et Promenades Publiques.

Boulevards

Avenues

Routes

Chemins

Barrieres

Passages

Places

du Cloître

SUITE DE

Contenant le surplus des Parr...

Couvents et Communautés d'Hommes et...

Palais, Hôtels, Prisons et...

Avec le Tableau des Distances des Po...

Faites dans l'Intérieur et à l'Extérieur de Paris placés Trigonométriquement

Paroisses	Couvents et Communautés d'Hommes	Couvents et Communautés de Femmes	Suite des Hôtels

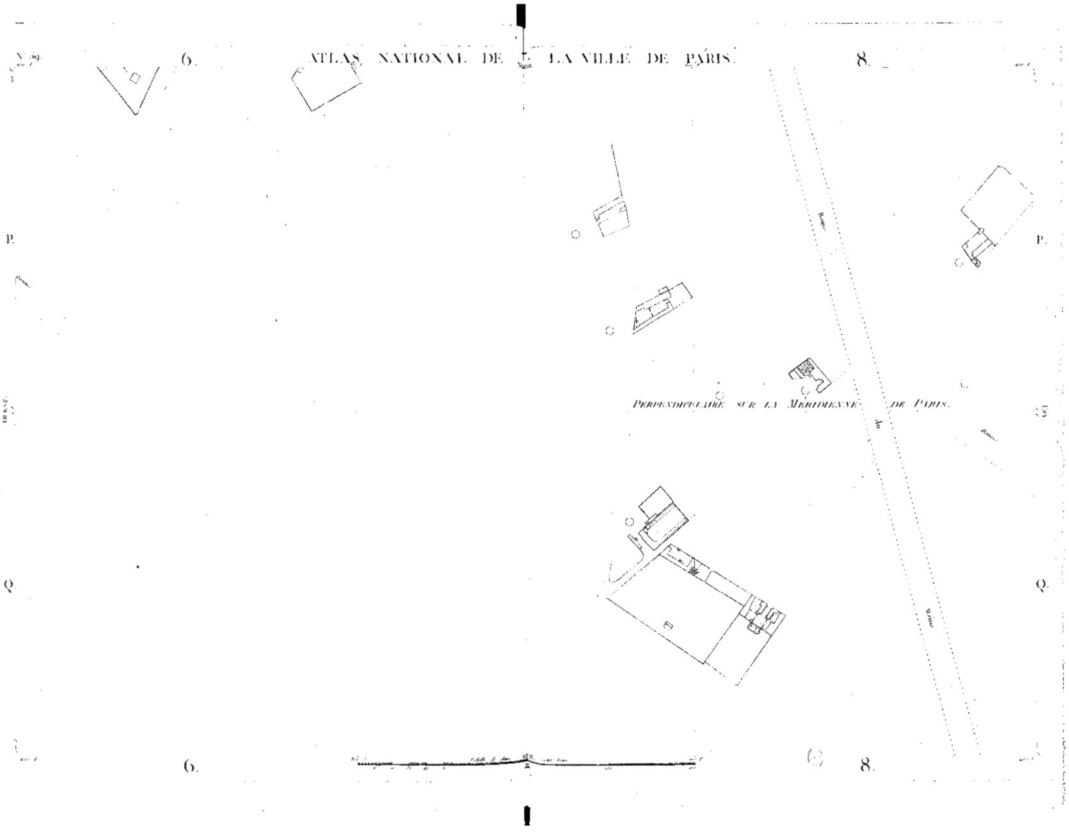

PERPENDICULAIRE SUR LA MERIDIENNE DE PARIS.

ATLAS NATIONAL DE LA VILLE DE PARIS.

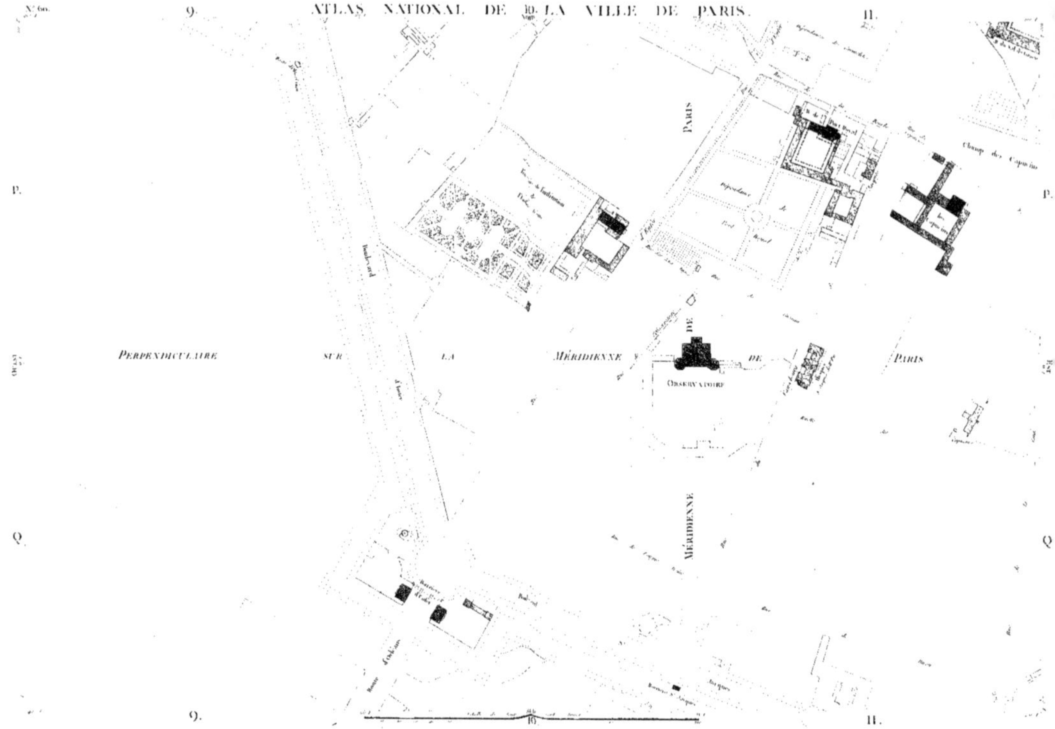
9.
10.
11.
P.
Q.
PERPENDICULAIRE
SUR
LA
MÉRIDIENNE
DE
PARIS
OBSERVATOIRE
MÉRIDIENNE
DE
PARIS
Boulevard
Route d'Orléans
Champ des Capucins

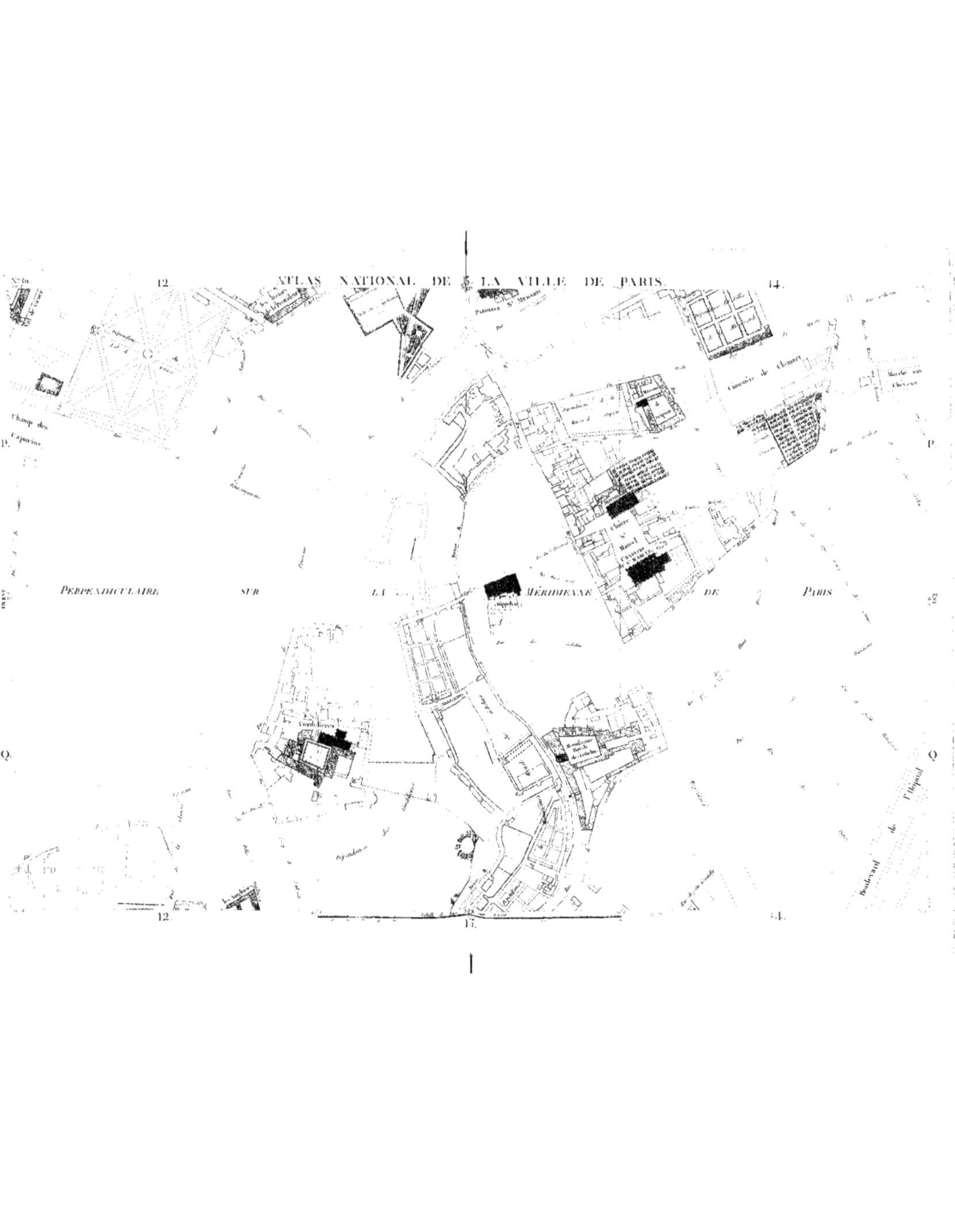

ATLAS NATIONAL DE LA VILLE DE PARIS.
PERPENDICULAIRE SUR LA MÉRIDIENNE DE PARIS
Champ des Capucins
Cimetière de Clamart
Cordeliers
Paroisse S.t Médard
12
14

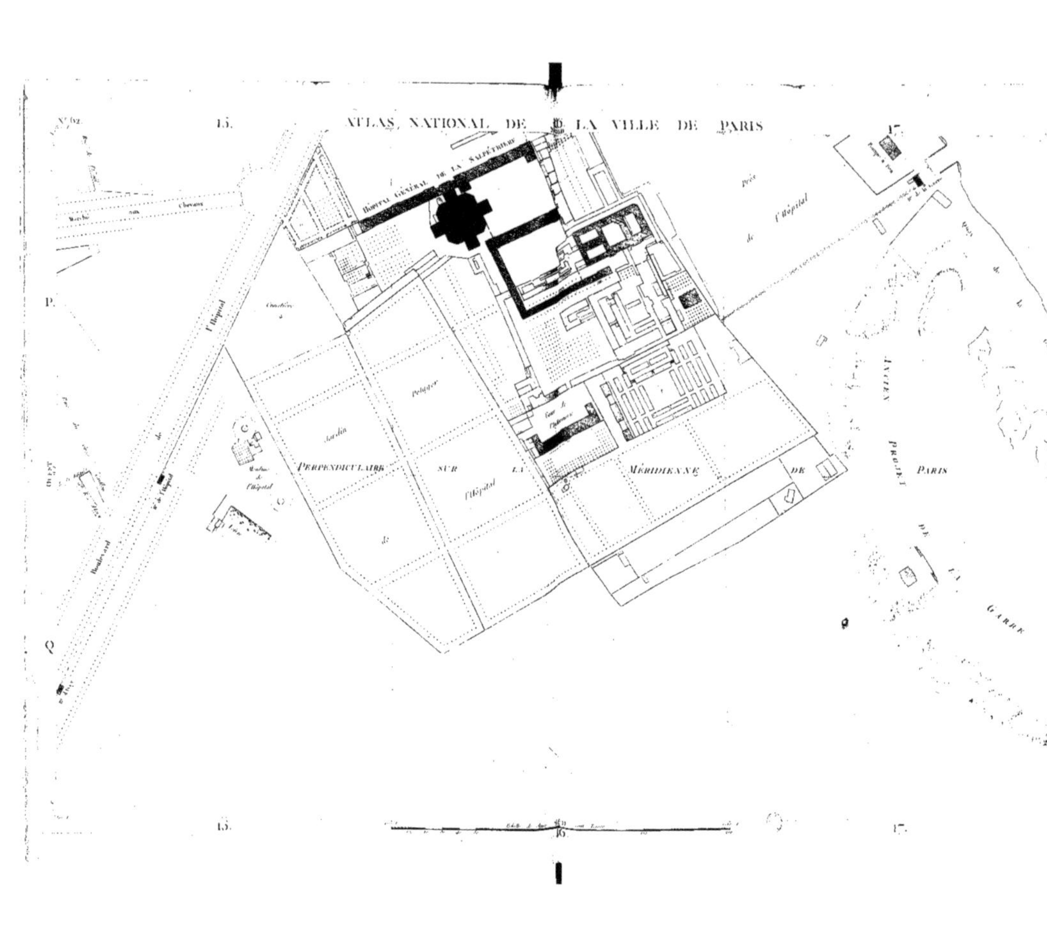

ATLAS NATIONAL DE LA VILLE DE PARIS
Hôpital Général de la Salpêtrière
PERPENDICULAIRE SUR LA MÉRIDIENNE DE
Jardin
Potager
l'Hôpital
Cour de l'Infirmerie
ANCIEN PROJET PARIS
GARE
Marché aux Chevaux
Boulevard de l'Hôpital

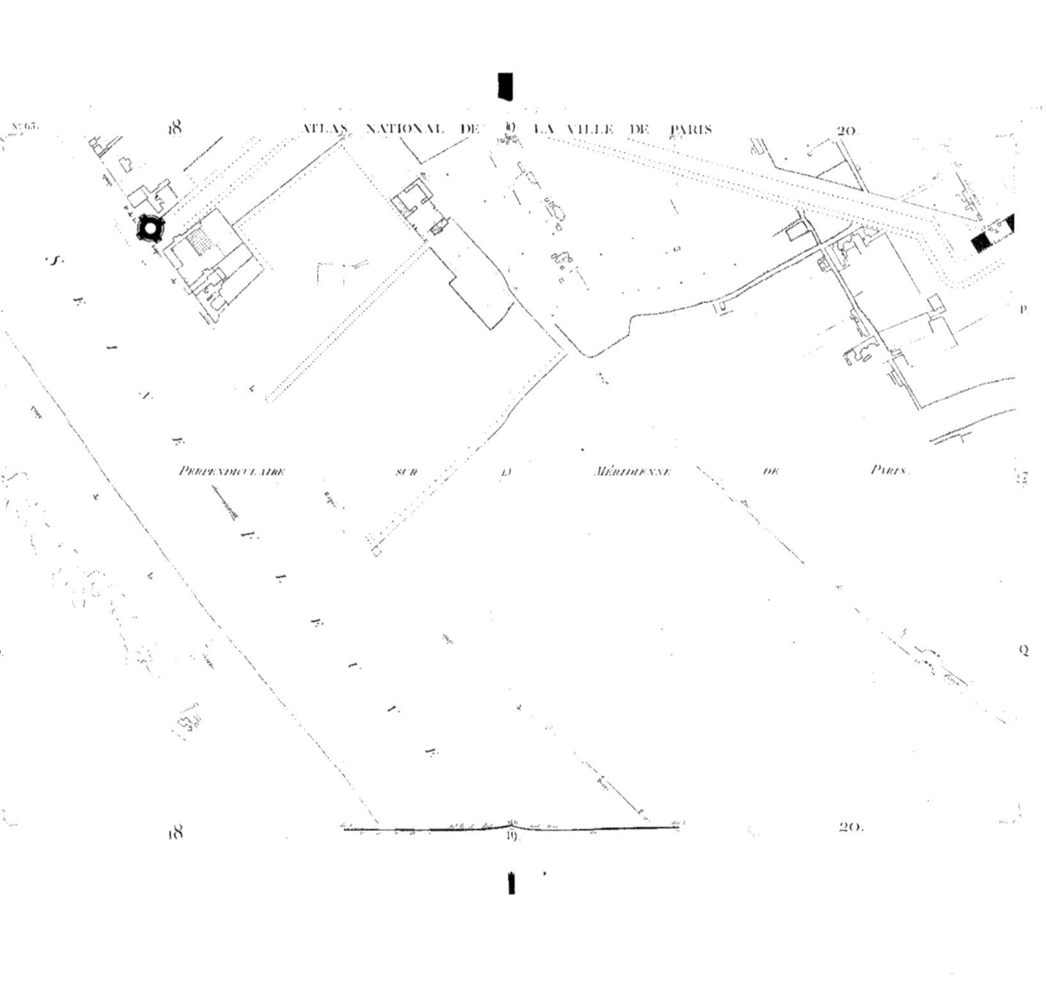

N.º 65.
18
ATLAS NATIONAL DE LA VILLE DE PARIS
19
20.
S.
P.
P.
PERPENDICULAIRE SUR LA MÉRIDIENNE DE PARIS.
OUEST
Q.
Q.
18
19.
20.

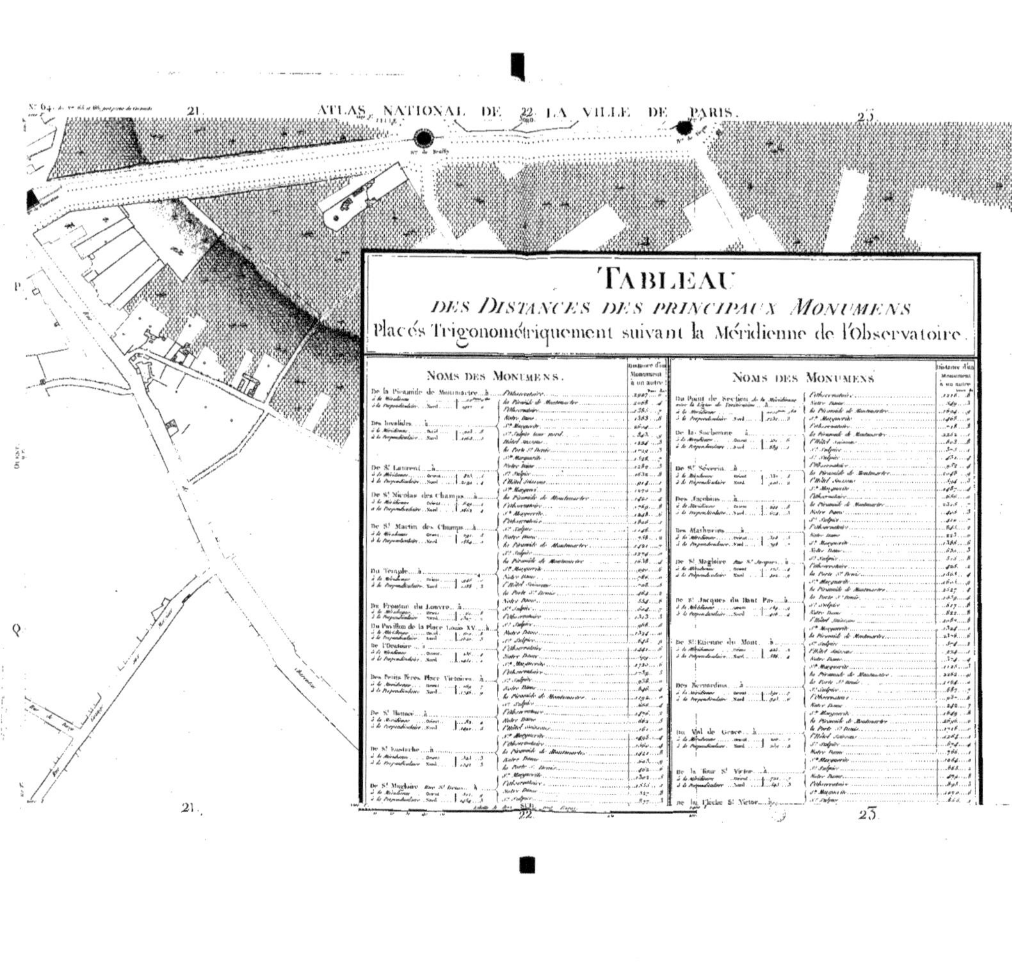
ATLAS NATIONAL DE LA VILLE DE PARIS.
21 22 23
TABLEAU
DES DISTANCES DES PRINCIPAUX MONUMENS
Placés Trigonométriquement suivant la Méridienne de l'Observatoire.
NOMS DES MONUMENS.
NOMS DES MONUMENS.
De la Pyramide de Montmartre
Des Invalides
De St. Laurent
De St. Nicolas des Champs
De St. Martin des Champs
Du Temple
Du Guichet du Louvre
Du Pavillon de la Place Louis XV.
De l'Oratoire
Des Petits Pères Place Victoires
De St. Eustache
De St. Jacques
De St. Magloire
Du Point de Section de la Méridienne
De la Sorbonne
De St. Séverin
Des Jacobins
Des Mathurins
De St. Magloire
De St. Jacques du Haut Pas
De St. Etienne du Mont
Des Bernardins
Du Val de Grace
De la Rue St. Victor
De la Place St. Victor

R.

Halles.

Marchés.

Cus-de-Sacs.

Ports.

Paroisses.

Séminaires.

Colléges.

Couvents
et
Communautés d'Hommes.

Couvents.
et Communautés de Femmes.

Hôpitaux.

Ecoles Publiques.

Palais.

Hôtels.

Prisons.

Divers
Edifices Publiques.

R.

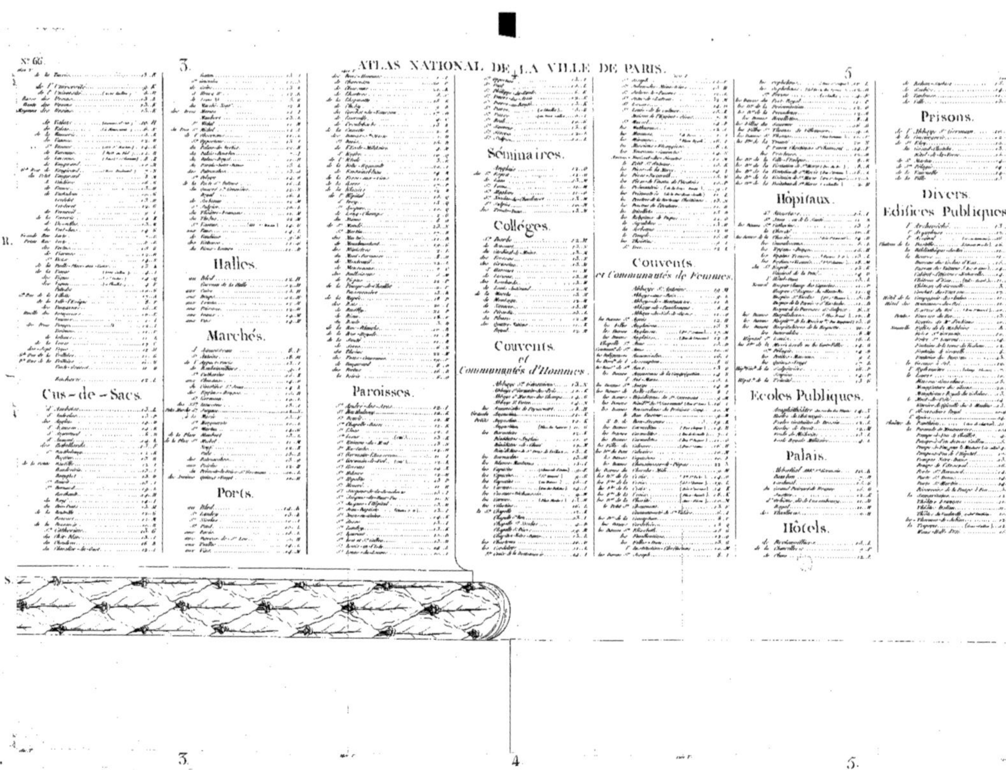

S.   3.   4   5.   S.

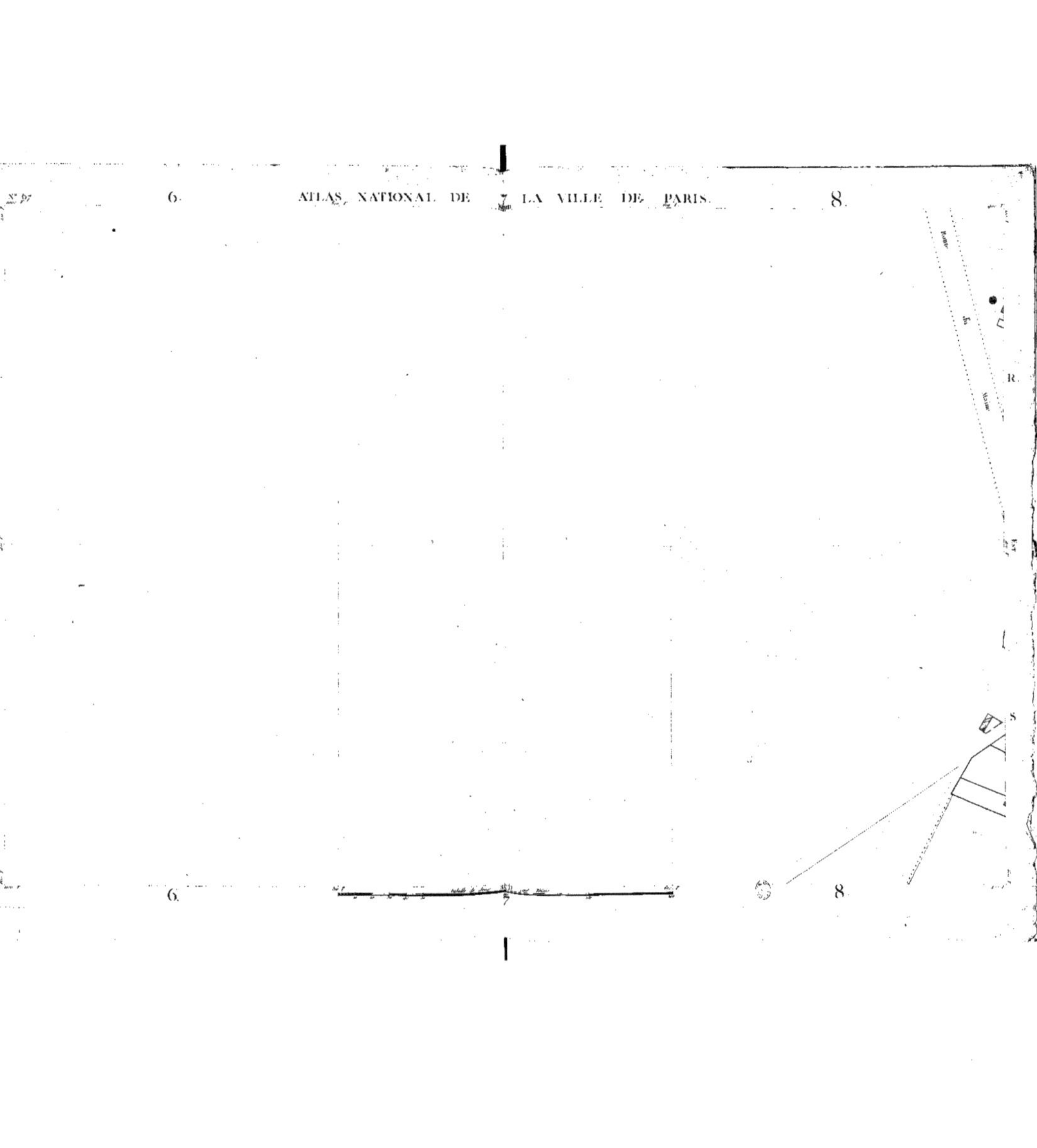
R.
OUEST
S
6.
8.

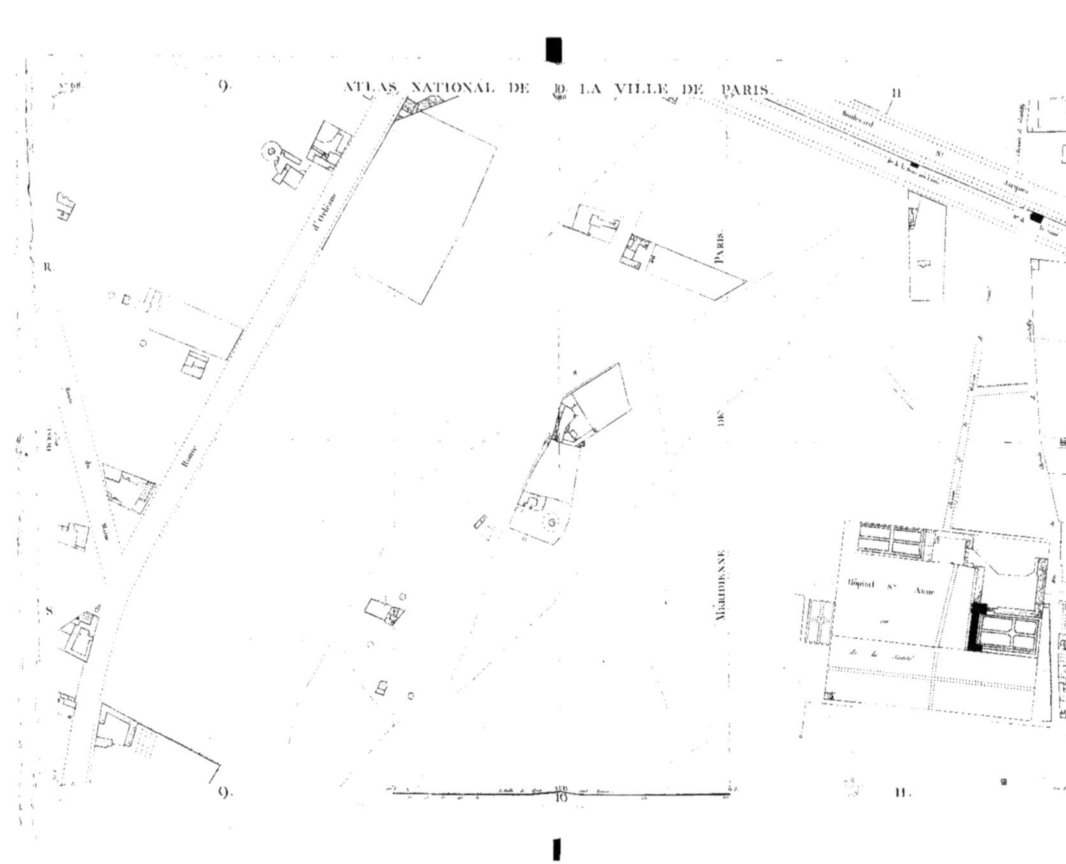

ATLAS NATIONAL DE LA VILLE DE PARIS.
9.
10.
11.
Boulevard
PARIS
DE
MÉRIDIENNE
d'Orléans
Hôpital St Anne
9.
10.
11.

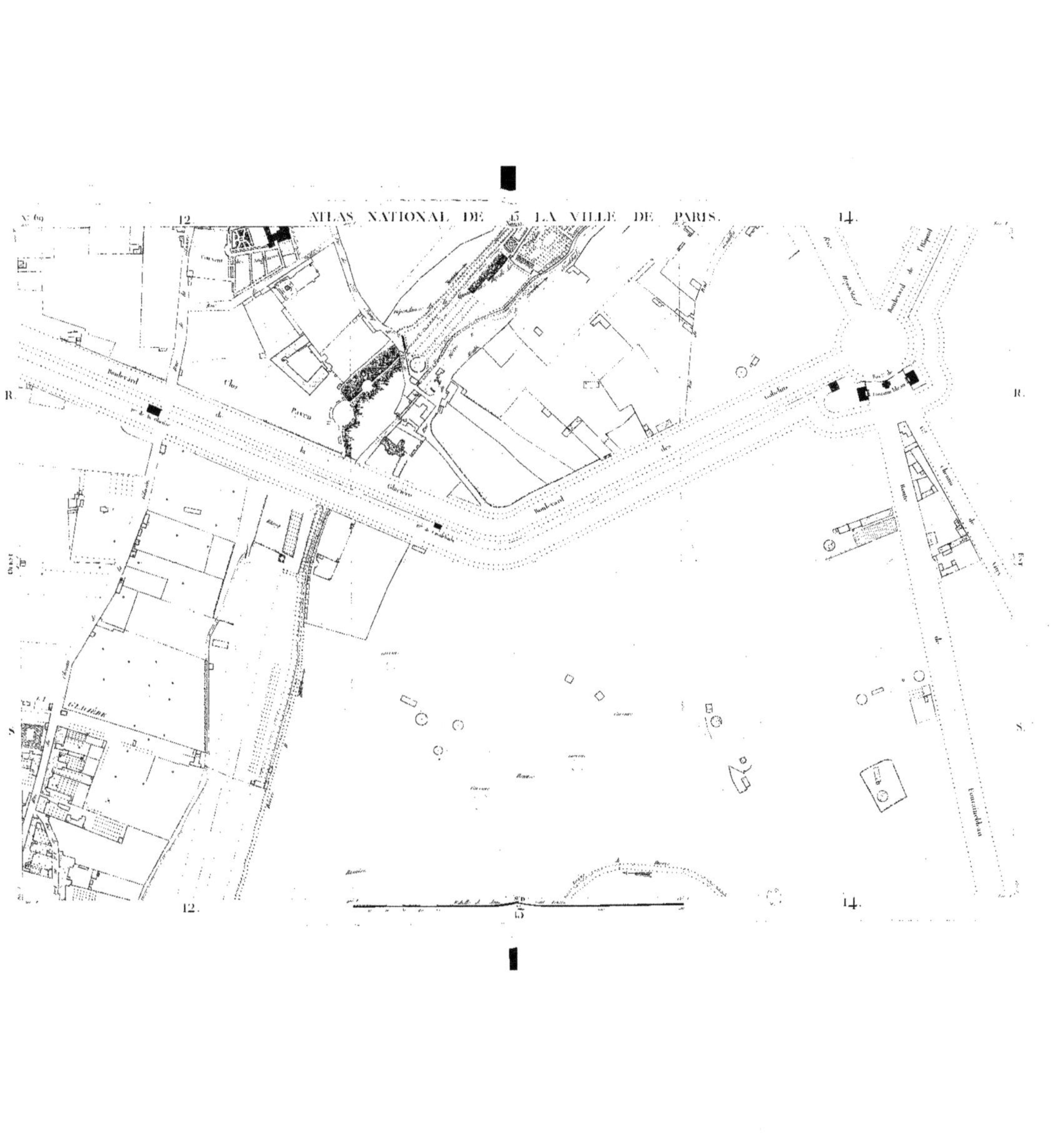

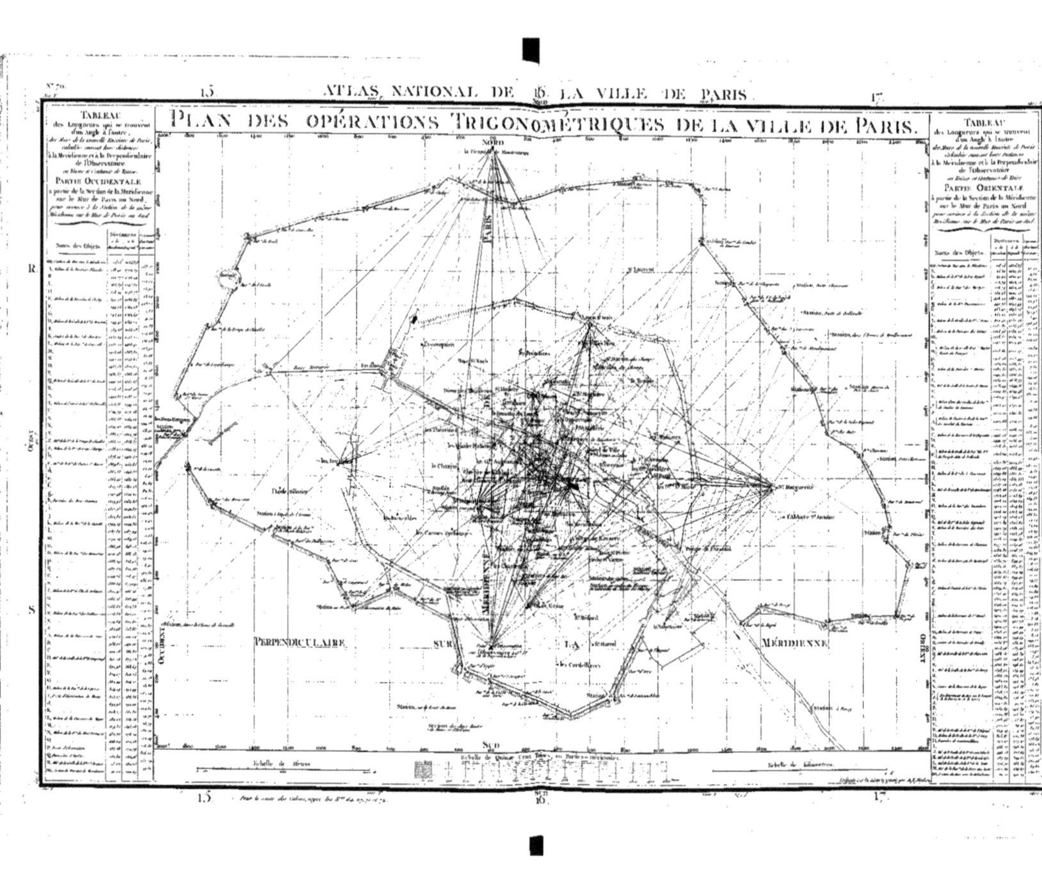

PLAN DES OPÉRATIONS TRIGONOMÉTRIQUES DE LA VILLE DE PARIS.
NORD
SUD
ORIENT
OCCIDENT
MÉRIDIENNE
PERPENDICULAIRE SUR LA MÉRIDIENNE
TABLEAU
PARTIE OCCIDENTALE
PARTIE ORIENTALE
Noms des Objets
Échelle de Mètres
Échelle de Kilomètres

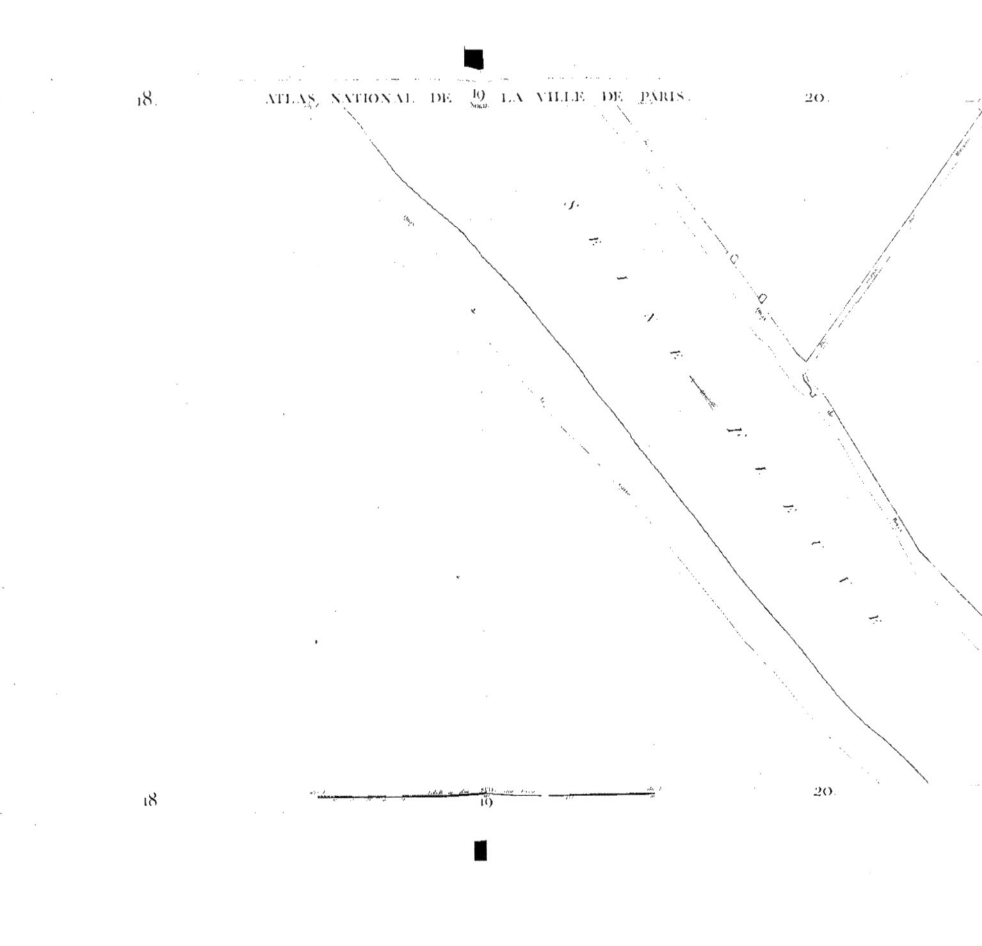
SEINE
18
19
20